essentials

essentials liefern aktuelles Wissen in konzentrierter Form. Die Essenz dessen, worauf es als „State-of-the-Art" in der gegenwärtigen Fachdiskussion oder in der Praxis ankommt. *essentials* informieren schnell, unkompliziert und verständlich

- als Einführung in ein aktuelles Thema aus Ihrem Fachgebiet
- als Einstieg in ein für Sie noch unbekanntes Themenfeld
- als Einblick, um zum Thema mitreden zu können

Die Bücher in elektronischer und gedruckter Form bringen das Expertenwissen von Springer-Fachautoren kompakt zur Darstellung. Sie sind besonders für die Nutzung als eBook auf Tablet-PCs, eBook-Readern und Smartphones geeignet. *essentials:* Wissensbausteine aus den Wirtschafts-, Sozial- und Geisteswissenschaften, aus Technik und Naturwissenschaften sowie aus Medizin, Psychologie und Gesundheitsberufen. Von renommierten Autoren aller Springer-Verlagsmarken.

Weitere Bände in der Reihe http://www.springer.com/series/13088

Peter Kinne

Hausaufgaben für Gewinner

Wie beidhändige Firmen Erfolgsblockaden verhindern können

Peter Kinne
Balancefirst Institut für Integratives Management
Meerbusch, Deutschland

ISSN 2197-6708 ISSN 2197-6716 (electronic)
essentials
ISBN 978-3-658-19167-2 ISBN 978-3-658-19168-9 (eBook)
DOI 10.1007/978-3-658-19168-9

Die Deutsche Nationalbibliothek verzeichnet diese Publikation in der Deutschen Nationalbibliografie; detaillierte bibliografische Daten sind im Internet über http://dnb.d-nb.de abrufbar.

Springer Gabler
© Springer Fachmedien Wiesbaden GmbH 2017
Das Werk einschließlich aller seiner Teile ist urheberrechtlich geschützt. Jede Verwertung, die nicht ausdrücklich vom Urheberrechtsgesetz zugelassen ist, bedarf der vorherigen Zustimmung des Verlags. Das gilt insbesondere für Vervielfältigungen, Bearbeitungen, Übersetzungen, Mikroverfilmungen und die Einspeicherung und Verarbeitung in elektronischen Systemen.
Die Wiedergabe von Gebrauchsnamen, Handelsnamen, Warenbezeichnungen usw. in diesem Werk berechtigt auch ohne besondere Kennzeichnung nicht zu der Annahme, dass solche Namen im Sinne der Warenzeichen- und Markenschutz-Gesetzgebung als frei zu betrachten wären und daher von jedermann benutzt werden dürften.
Der Verlag, die Autoren und die Herausgeber gehen davon aus, dass die Angaben und Informationen in diesem Werk zum Zeitpunkt der Veröffentlichung vollständig und korrekt sind. Weder der Verlag noch die Autoren oder die Herausgeber übernehmen, ausdrücklich oder implizit, Gewähr für den Inhalt des Werkes, etwaige Fehler oder Äußerungen. Der Verlag bleibt im Hinblick auf geografische Zuordnungen und Gebietsbezeichnungen in veröffentlichten Karten und Institutionsadressen neutral.

Gedruckt auf säurefreiem und chlorfrei gebleichtem Papier

Springer Gabler ist Teil von Springer Nature
Die eingetragene Gesellschaft ist Springer Fachmedien Wiesbaden GmbH
Die Anschrift der Gesellschaft ist: Abraham-Lincoln-Str. 46, 65189 Wiesbaden, Germany

Vorwort

Sieht man einmal davon ab, dass führende deutsche Autohersteller durch Dieselskandal und Kartellvorwürfe einen Vertrauensverlust erlitten haben, dessen Folgen nicht absehbar sind, geht es der deutschen Wirtschaft derzeit vergleichsweise gut. Erfolge der Gegenwart dürfen aber nicht in die Zukunft projiziert werden. Die Komplexität und Dynamik im Wettbewerb der sogenannten Vierten Industriellen Revolution kann Blockaden hervorrufen. Im *essential* „Blockadefreie Unternehmen" konnte ich zeigen, dass z. B. die Fähigkeit, Vielfalt intelligent zu nutzen, Eigenständigkeit mit Streben nach Kooperationserfolg zu verknüpfen und Dialoge ungeachtet der hierarchischen Position nach Sachinhalten zu führen, Erfolgsfaktoren von Gewinnern sind. Sie sind jedoch an Menschen gebunden, die man sich bekanntlich nicht „backen" kann. Man kann sie nur gewinnen, möglicherweise auch entwickeln. Faktoren auf der Mikroebene sind die Basis zukünftiger Erfolge. Nachhaltig werden sie durch Einbettung in Konzepte auf der Mesoebene, der Ebene der Organisation.

In einem hochkomplexen Umfeld agieren ehrgeizige Unternehmen im Spannungsfeld einer Paradoxie: Sie *reduzieren* Eigenkomplexität, *erweitern* jedoch Horizonte und Handlungsspielräume. Orientierungsdefizite, Interaktions-Barrieren und Ballast werden abgebaut, ganzheitliches Systemverständnis, integratives Denken und Handeln sowie intelligente Nutzung von Vielfalt hingegen gefördert. Unternehmen erweisen sich damit als *beidhändig*. Die *Paradoxie der Zukunftsfähigkeit* unterstützt Organisationen mit Gewinnerambitionen. Das vorliegende *essential* klärt Hintergründe, liefert praktische Lösungen und Beispiele.

Ich danke Margit Gregorian, Katharina Harsdorf, Rahel Kinne, Stefan Lucht, Hans-Erich Müller, Roland Probst, Carsten Schläwe, Hannah Sendler und Hans Strikwerda für wichtige Impulse für diesen Beitrag.

Meerbusch
im Juli 2017

Peter Kinne

Inhaltsverzeichnis

Beidhändigkeit, die Mehrwert erzeugt 1

1.1 Sinnfragen, Komplexität und Umgang mit Wissen

Was ist beim Führen eines Unternehmens richtig und falsch, gut und schlecht, sinnvoll und sinnlos? Diese Frage wird gestellt, seit es Unternehmen gibt. Eine durch Digitalisierung und Globalisierung rasant beschleunigte Wirtschaft lässt Entscheiderinnen und Entscheidern kaum noch Zeit, solche Fragen gründlich zu reflektieren, Irrtümer als solche zu erkennen und aus Erfahrungen zu lernen. Wie einfach dürfen Antworten sein? Bringt uns das so vertraute Entweder-oder-Denken weiter, oder müssen wir nach Alternativen suchen? Wie könnte eine „roadmap" für Unternehmen in der sogenannten Vierten Industriellen Revolution aussehen?

Studien lassen erkennen, dass Menschen in Führungsverantwortung Phänomene wie *Komplexität, Dynamik, Wettbewerbsdruck, Unsicherheit* und *Kontrollverlust* Sorgen bereiten (Kinne 2013, S. 9, 10). In dieser Aufzählung nimmt Komplexität eine Sonderstellung ein. Sie ist ein ziemlich abstraktes Phänomen, das im Alltagsgeschäft kaum thematisiert wird, im Gegensatz zu seinen Symptomen. Vor allem Kontrollverlust ist für gestandene Manager sehr greifbar. Er wird umso greifbarer, je größer die Verantwortung und Tragweite der zu treffenden Entscheidungen ist. Komplexität drückt sich aus in der *Varietät* oder Vielfältigkeit möglicher, meist intransparenter und damit nicht planbarer Zustände eines Systems. Das Geschehen im dem System, Teil dessen Unternehmen sind, hängt von vielen Dingen ab, die sich gegenseitig in nicht vorhersehbarer Weise beeinflussen und sich zudem immer schneller verändern. Treiber von Komplexität sind, neben Globalisierung und Digitalisierung, Faktoren wie die Verschmelzung von Technologien, die zunehmende Heterogenität von Kunden und Belegschaften sowie komplizierte Ressourcen wie Wissen, Motivation und Kooperationsbereitschaft. Deren Bewertung bereitet Kopfschmerzen, weil sie immateriell, und damit nicht

© Springer Fachmedien Wiesbaden GmbH 2017
P. Kinne, *Hausaufgaben für Gewinner*, essentials,
DOI 10.1007/978-3-658-19168-9_1

leicht messbar sind. Organisationen haben kein Besitzrecht an solchen Ressourcen. Oft wissen sie nicht einmal, welches Potenzial ihnen da zur Verfügung steht.

Weil die Komplexität im Umfeld unsere kognitive Verarbeitungskapazität überfordert, greifen wir gerne auf Bekanntes und Bewährtes zurück. Dietrich Dörner (Autor von *Die Logik des Misslingens*) nennt diese Neigung *affirmative Wahrnehmung* oder *Wahrnehmungsabwehr*: Wir nehmen nur wahr, was unsere eigene Vorstellung von der Welt bestätigt (Dörner 2013). Damit sind wir dem Risiko „blinder Flecken" ausgesetzt, die zum Ausgangspunkt weiterer Fehler werden. Eine gegenläufige Tendenz ist das Verkomplizieren von Regeln und Prozessen, was wiederum auf unzureichendes Systemverständnis schließen lässt. Wer das System, in dem er agiert, versteht, kann es vereinfachen, zumindest aber einfacher darstellen. Edward de Bono, ein Anwalt der Vereinfachung, schreibt: „You need to understand the matter very well" (De Bono 2015, S. 283).

In einem sehr komplexen Umfeld weiß niemand, was ihn morgen oder gar in der nächsten Stunde erwartet. Entscheidungen müssen dennoch getroffen werden, und zwar in immer kürzeren Abständen: Die Menge der (auch für Wettbewerber) verfügbaren Daten wächst ständig – Big Data lässt grüßen. Der Schlüssel für gute Entscheidungen unter Druck ist produktiver Umgang mit Komplexität, die man *vermeiden, reduzieren, bewältigen* und *nutzen* kann. Ein wichtiger erster Schritt ist das Reduzieren von Komplexität, die unerwünscht, aber hausgemacht ist und damit beeinflusst werden kann. Verantwortliche müssen die *möglichen Zustände* in ihrer Firma auf die *wünschenswerten* beschränken. Das setzt voraus, dass jeder weiß, was wünschenswert ist. Geteilte Ziele und Werte sind unverzichtbare Orientierungsgrößen von Gewinnern, ob es sich dabei um Konzerne oder mittelständische Betriebe, Kanzleien, Forschungsverbünde oder öffentliche Einrichtungen handelt. Auf der Suche nach aktuellen Erfolgsfaktoren habe ich Gespräche bei Infineon, Philips, Gelsenwasser, OPED (Hersteller von Medizinprodukten), im Cybernetics Lab der RWTH Aachen, bei Weber Sauberschwarz (Anwaltskanzlei) und im Düsseldorfer Schauspielhaus geführt – völlig unterschiedliche Organisationen also, die jedoch alle auf Erfolgskurs sind. Trotz großer inhaltlicher und struktureller Unterschiede zeigten sich Gemeinsamkeiten (Abb. 1.1). Die Orientierungsgrößen dieser Organisationen sind austauschbezogen, weil sie Bezug nehmen auf externe und interne Austauschpartner. Es darf vermutet werden, dass in weiteren „Gewinnerunternehmen" nicht gänzlich andere Merkmale anzutreffen sind.

Was wollen Gewinner gewinnen? Diese Frage ist angesichts der Wettbewerbssituation, in der sie sich befinden, leicht zu beantworten: Gewonnen werden müssen hinreichend viele Menschen oder andere Organisationen dafür, möglichst

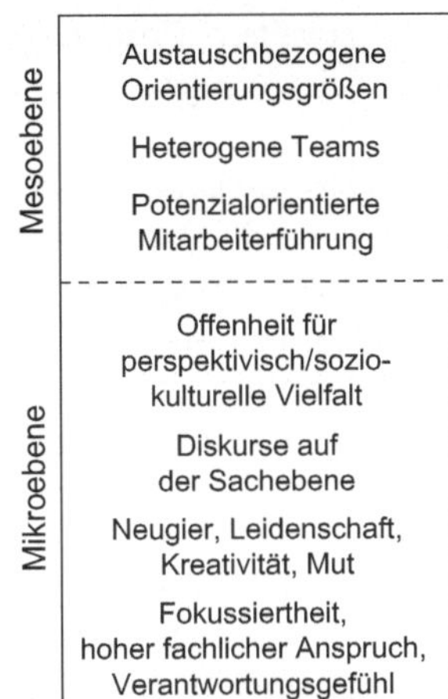

Abb. 1.1 Gemeinsamkeiten erfolgreicher Unternehmen. (Quelle: Kinne 2017)

langfristige Austauschbeziehungen mit ihnen einzugehen, denn nur so können sie überleben. Austauschpartner sind Kunden, Mandanten, Bürger, Patienten, das Publikum, Fach- und Führungskräfte, Lieferanten, Kapitalgeber etc. Gewinner reagieren angemessen auf Unvorhersehbares. Das funktioniert nach Ashby's Regel *(only variety can destroy variety)* dann, wenn ihr Verhaltensrepertoire dem Ausmaß an Unwägbarkeit entspricht (Ashby 1970). Unter den heutigen Bedingungen ist die Erweiterung des Verhaltensrepertoires eine Aufgabe von hohem strategischen Rang. Doch wie kann sie gelöst werden?

Es ist gut belegt, dass nachhaltig erfolgreiche Firmen souverän im Spannungsfeld zwischen Gegensätzen agieren, auch *Paradoxien* genannt. Eine klassische Management-Paradoxie ist *kurzfristig versus langfristig.* Der Bereich dazwischen bietet Dosierungsmöglichkeiten in Form von abgestuften Mittelfrist-Zeiträumen. Oft jedoch rufen Paradoxien Zielkonflikte hervor und werden damit zum *Dilemma.* Müller-Stewens & Fontin beschreiben ihre Beobachtungen im Umgang mit Dilemmata in Unternehmen: „Genauer betrachtet hat man es nicht mit einem klassischen Entscheidungsproblem zu tun, bei dem eine Option gegenüber einer anderen Option im Sinne eines Entweder-Oder zu selektieren ist. Vielmehr geht es darum, dass Organisationen in sich widersprüchliche Optionen gleichzeitig zu verfolgen haben" (Müller-Stevens und Fontin 1997, S. 1). Das bedeutet Abkehr von *Entweder-oder* und Hinwendung zu *Sowohl-als auch.* Wenn, statt einer, zwei Optionen erfolgskritisch sind, wird durch Berücksichtigung beider das

Verhaltensrepertoire um 100 % erweitert. Dosierungen dazwischen machen es nochmals weiter. Durch Ausbalancieren gegensätzlicher Optionen werden Unternehmen „beidhändig".

Die Vorzüge der Beidhändigkeit *(Ambidextrie)* wurden anhand des Umgangs mit Wissen eingehend untersucht – die Paradoxie lautet *Exploration versus Exploitation.* Sie steht in engem Zusammenhang mit der Paradoxie der Zeiträume. Forscher wie Duncan (1976) und March (1991) erkannten, dass der ausgewogene Umgang mit Wissen für die Zukunftsfähigkeit von Unternehmen von großer Bedeutung ist. Während durch Exploration *neues Wissen* erzeugt wird, durch suchen, lernen, experimentieren und verändern, wird durch Exploitation *vorhandenes Wissen* genutzt, um Dinge zu verfeinern oder zu spezialisieren. Exploration, die Annahmen und Prämissen hinterfragt und ggf. korrigiert *(Double-Loop-Learning),* kann vollkommen neue Möglichkeiten erschließen, was jedoch längere Zeithorizonte erfordert. Exploitation ist kurzfristiger orientiert: Vorhandene Fähigkeiten, Technologien und Netzwerke werden genutzt, um Methoden unter Beibehaltung alter Prämissen zu verbessern. Ihr lernpsychologisches Pendant ist *Single-Loop Learning* (Argyris und Schön 1978).

Erfolge der Vergangenheit verführen zu einseitiger Nutzung vorhandenen Wissens. Wer auf „bewährten Pfaden" wandelt, kann Effizienzvorteile erzielen. Das reicht vielen Firmen offenbar aus, weil es zumindest kurzfristig die Gewinnsituation verbessert und für Manager attraktiv ist, die gegenüber Aufsichtsgremien, Aktionären und Eigentümergemeinschaften Rechenschaft über die Wirtschaftlichkeit ihres Tuns ablegen müssen. Dazu passt der Satz „Unless there is a clear, intellectually compelling rationale for the importance of both exploration and exploitation, the short-term pressures will almost always move attention and resources away from the higher variance, less certain world of exploration" (O'Reilly und Tushman 2007, S. 32).

Zwischen Exploration und Exploitation existieren Abhängigkeiten: Die für Exploration erforderlichen Mittel werden durch Exploitation geschaffen, z. B. durch Verbrauch *interner* Kapitalreserven oder Nutzung *externer* Fördermittel. Exploration erzeugt das Wissen, das durch Exploitation nutzbar wird (Vogel 2011). He und Wong (2004), Gibson und Birkinshaw (2004), Lubatkin et al. (2006), Rothaermel und Alexandre (2009), Uotila et al. (2009) und andere weisen darauf hin, dass von einer guten Balance zwischen Exploration und Exploitation vor allem Firmen profitieren, die hohem Wettbewerbsdruck in dynamischen Märkten ausgesetzt sind. Die Zahl der Organisationen, für die diese Bedingungen *nicht* gelten, wird zusehends kleiner.

Beidhändiges Denken und Handeln ist ein wirksamer Blockadelöser. Man kann diese Fähigkeit nicht im Grundkurs für Führungskräfte komplett erwerben. Es kann jedoch frühzeitig relevantes Wissen vermittelt werden, denn strategische Spannungsfelder sind kein neues Phänomen.

1.2 Management-Klassiker und ihre Opponenten

Als ab Mitte des 19. Jahrhunderts Firmen wie z. B. die amerikanischen Eisenbahngesellschaften, durch erweiterte Streckennetze und Einsatz von mehr Zügen, größer wurden, wuchs auch die Komplexität ihrer Steuerungsaufgaben. Das zwang sie zur Erweiterung ihrer *Steuerungskapazität.* Sie schufen „überpersönliche" Strukturen von Funktionen, eine Organisation mit mehreren Management-Ebenen (Master of Transportation, Assistant Managers of Transport, Roadmasters etc.) und Verhaltensregeln. In späteren Phasen der Industrialisierung wurden Steuerungsaufgaben auch durch Integration von Aktivitäten und Diversifizierung des Angebots komplexer. Zu Beginn des 20. Jahrhunderts entwickelten Frederic Taylor *(Scientific Management),* Henri Fayol *(Elements d'Administration)* und Max Weber *(Bürokratische Herrschaft)* ihre Vorstellungen von einem Managementansatz, der auf striktem Sachbezug, Arbeitsteilung, Befehlsgewalt und Kontrolle basiert. Dieser Ansatz der als „Klassiker" geltenden Pioniere der Managementtheorie ist der Ursprung des auch heute noch Vielen als idealtypisch geltenden Prozesses aus *Planung, Organisation, Personaleinsatz, Führung* und *Kontrolle* (Steinmann und Schreyögg 2005, S. 10, 36).

Den Gegenpart dieses Ansatz, in dem Gefühle, Neigungen und persönliche Beziehungen als Störfaktoren gelten, lieferten Experimente Ende der 1920er Jahre. Im Hawthorne-Werk der amerikanischen Western Comp., einer Tochter der American Telephone & Telegraph Comp. (AT&T), hatte man in Versuchsgruppen äußere Arbeitsbedingungen variiert, um Auswirkungen auf die Produktivität zu erforschen. Dabei stellte sich heraus, dass signifikante Steigerungen der Produktivität weniger durch Veränderungen im Lohnsystem und sonstigen äußeren Bedingungen wie Beleuchtung, Raumtemperatur etc. erzielt werden konnten, sondern z. B. durch den Stolz, einer wichtigen Gruppe anzugehören. Er stärkte die Beziehungen untereinander, das Verständnis füreinander, und verbesserte die Kooperation. Damit waren Gefühle und Beziehungen als „Produktivitätshebel" entdeckt. Später vermittelte Chester I. Barnard zwischen den Positionen: Er verknüpfte das Überleben von Organisationen mit der Erfüllung von Erwartungen (Anreiz-Beitrags-Theorie) und verstand Organisationen als Koalition kooperierender Personen. Auch für ihn beruhte jedoch Autorität, wie für Weber, auf der (revidierbaren)

Anerkennung seitens der Beschäftigten, die Weisungen einen „Vertrauensvorschuss" einräumen (Steinmann und Schreyögg 2005, S. 58–61).

Die Erkenntnisse der Hawthorne-Experimente wurden zur Grundlage des Lehr- und Trainingsprogramms der Human-Relations-Bewegung, mit ihrem Fokus auf dem *Individuum,* der *Gruppe* und dem *Vorgesetzten.* Die Aktivitäten dieser Bewegung erzeugten Spannungsfelder zwischen bürokratischer Effizienz und irrationalem Verhalten, Disziplin und Autonomie sowie formalen und informalen Beziehungen. Wissenschaftler wie McGregor (1960), Argyris (1957, 1964) und Likert (1967, 1975) entwickelten Führungsprinzipien und Strukturmodelle, um individuelle Bedürfnisbefriedigung mit ökononmischer Zielerreichung zu verknüpfen. Diese Paradoxien sind in einem Managementalltag, in dem sich die Machtverhältnisse verschoben haben und Entscheidungen immer häufiger und schneller getroffen werden müssen, aktueller denn je.

Weitere erfolgskritische Gegensätze traten durch das Nebeneinander unterschiedlicher Ansätze der Managementtheorie hervor. Die Neue Institutionenökonomik unterstellt mit ihrem Fokus auf Besitzrechten, Vertragsbeziehungen, Transaktionskosten etc. den *homo oeconomicus,* das „rational handelnde Wirtschaftssubjekt" (Welge und Al-Laham 2012, S. 43, 44). Vertreter der Verhaltensökonomie betonten jedoch, dass selbst wirtschaftlich denkende Menschen aufgrund ihrer begrenzten kognitiven Verarbeitungskapazität gar nicht in der Lage sind, stets rational zu handeln. Im Spannungsfeld zwischen *homo rationalis* und *homo irrationalis* sind Bauchgefühle oder Intuitionen wichtige, ergänzende Entscheidungswerkzeuge (vgl. Simon 1972; Kahnemann 2012). Psychologen weisen auf die *ökologische Rationalität* von Intuitionen hin, die unter Ungewissheit und Zeitdruck zu besseren Entscheidungen führen kann als analytisch-rationales Denken (Gigerenzer 2008).

In der *market based view* des Managements, die in den 1980er Jahren mit Porters Wettbewerbskräften ihren Höhepunkt fand (Porter 2000), bestimmen Marktstrukturen den Erfolg eines Unternehmens. Diese Sicht prägt die auch heute noch verbreiteten Portfolio-Strategien (Gluck 1985). Ihr Gegenspieler wurde die *resource-based view,* mit *Kernkompetenzen* und dem *intellektuellen Kapital* als maßgeblichen, internen Werttreibern. Autoren wie Penrose (1958), Wernerfelt (1984), Barney (1991), Hamel und Prahalad (1994) und Edvinsson (2002) sind Vertreter dieser Sicht. Hält man sich vor Augen, dass betrieblicher Erfolg auf Bevorzugung durch *externe* und *interne* Austauschpartner (Kunden und Mitarbeiter) beruht, denen dafür Gründe geliefert werden müssen, leuchtet ein, dass zukunftsweisende Strategien die Markt- und Ressourcesicht integrieren (vgl. Kinne 2009).

Ein weiteres strategisches Spannungsfeld liefert der Strategieprozess selbst. Die Klassiker der Managementtheorie unterstellen vollkommene Planbarkeit und „Wissenshoheit“ der obersten Führung. Da Unternehmen heute vielfältigen, nicht kalkulierbaren Einflüssen ausgesetzt sind, müssen Pläne mitunter revidiert werden (auf Planung gänzlich zu verzichten ist eine mögliche, für Unternehmen mit Gewinnerambitionen jedoch nicht empfehlenswerte Variante). Die streng plandeterminierte Perspektive der Unternehmenssteuerung verkennt die Funktionsbedingungen moderner Organisationen. Sie muss durch die *emergente* Perspektive ergänzt werden, die akzeptiert, dass es zuweilen neue Erkenntnisse gibt, denen neue Entscheidungen folgen. Abb. 1.2 enthält Grundparadoxien und Spannungsfelder.

Auf der Suche nach den tieferen Ursachen betrieblicher Erfolge stellte Pascal fest, dass sich Erfolgsfirmen zwischen Gegensätzen („contending opposites“) in den Kategorien des 7-S-Modells von McKinsey *(strategy, structur, systems, style, staff, shared values, skills)* bewegen (Pascale 1990). Andere Forscher erkannten, dass Firmen an Einseitigkeit in den Bereichen *Führung, Wachstum, Wandel* und *Kultur* scheitern. Sie versäumen beispielsweise, einen *autokratischen* und einen *partizipativen* Führungsstil in Balance zu halten oder *Dynamik* (heute „Agilität“) mit *Stabilität* miteinander zu verknüpfen (Probst und Raisch 2005). Diese und weitere Paradoxien sind Bestandteil des *Balanced Governance-Cockpits,* ein Orientierungsrahmen für erfolgreiches Managen (Kap. 3).

Beidhändiges Agieren in strategischen Spannungsfeldern macht nach einer Studie der Technischen Universität Darmstadt mit mehr als 2000 befragten Unternehmen in acht Ländern Organisationen zukunftsfähiger (Stock-Homburg et al. 2016). Wer so agiert, denkt integrativ. Roger Martin, Berater von A.G. Lafley in dessen sehr erfolgreicher Zeit als CEO (Cief Executive Officer) des Konsumgüterriesen Procter & Gamble, schreibt zu den Vorzügen integrativen Denkens: „It shows us

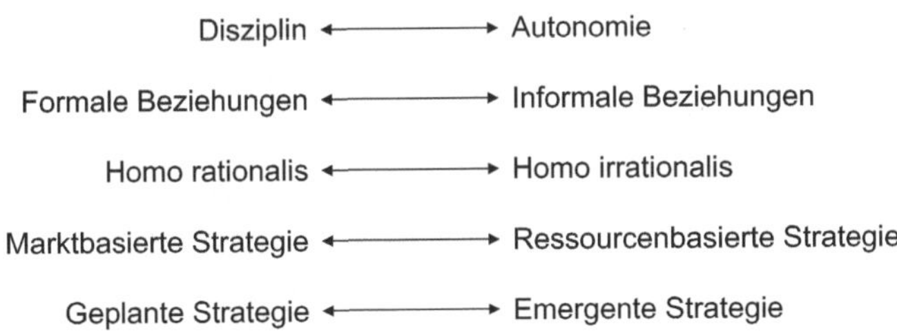

Abb. 1.2 Strategische Grundparadoxien

the way past the binary limits of either or. It shows us that there's a way of integrating the advantages of one solution without canceling out the advantages of an alternative solution" (Martin 2009, S. 9). Die Fähigkeit, Gegensätze zu integrieren, indem man sie ausgewogen berücksichtigt und mitunter auch Kompromisse schließt, gehört in den kognitiven Werkzeugkasten zukunftsorientierter Entscheiderinnen und Entscheider (Abb. 1.3). Sie sollte jedoch institutionell verankert sein, damit Unternehmen dauerhaft davon profitieren können. Hans-Erich Müller bezeichnet Paradoxien und die damit verbundenen Kontroversen als eine wesentliche Triebkraft wissenschaftlicher Erkenntnis (Müller 2017, S. 23). Sie sind auch Triebkraft betrieblicher Erkenntnis: Der bewusste Umgang damit macht Firmen innovativer, Veränderungsphasen kürzer, und Wettbewerbsvorteile nachhaltiger.

Im nächsten Kapitel beschreibe ich Aufgaben für Unternehmen, die im Wettbewerb der Zukunft Gewinnerambitionen haben. Die *Paradoxie der Zukunftsfähigkeit* beruht auf dem Gegensatz *Reduzieren versus Erweitern.* Eine weitere Paradoxie wird in Kap. 3 beleuchtet: *Interessen/Werte der Organisation versus Interessen/Werte ihrer Beschäftigten.* Die Wertebalance-Analyse ist Teil eines Frühwarnsystems für Blockaderisiken. Betrachtungen zu erfolgskritischen Handlungsfeldern und Leadern der Zukunft schließen diesen Beitrag ab.

Abb. 1.3 Pyramide kognitiver Werkzeuge. (Quelle: Kinne 2017)

Welche Rolle spielt hier die *Digitalisierung,* die wegen ihrer potenziell disruptiven Wirkung einen so breiten Raum in der öffentlichen Diskussion einnimmt? Vor allem auf Digitalisierung basiert die heutige Veränderungsdynamik; sie vergrößert die verfügbare Informationsmenge exponentiell. Das macht sie zu einem starken Komplexitätstreiber. Sie kann jedoch riesige Datenmengen verarbeiten, Strukturen, Prozesse und Bestände „flacher" machen, völlig neue Dimensionen des Erlebens erschließen (augmented reality), menschliche Unzulänglichkeiten ein Stück weit ausgleichen (durch autonomes Fahren, künstliche Intelligenz etc.) und uns Arbeit abnehmen (z. B. durch Robotik). Wie die Komplexität ist sie einerseits Teil des Problems, andererseits Teil der Lösung.

Die Paradoxie der Zukunftsfähigkeit 2

2.1 Gewinnerpflichten und Managementmodelle

Entscheiderinnen und Entscheider in Organisationen können sich in der sogenannten Vierten Industriellen Revolution auf Bauchgefühle verlassen, dem Prinzip Versuch-und-Irrtum folgen oder sich durchwursteln. Nichts davon hat zwangsläufig den schnellen Untergang zur Folge. Aber nur robuste Naturen werden stets gut schlafen können, wenn sie diesen Techniken grundsätzlich den Vorzug geben. Gewinner denken strategisch und handeln konsequent. Sie halten, was sie versprechen, und versprechen nur, was sie auch halten können. Dafür brauchen sie geeignete Ressourcen. Um diese wirksam steuern zu können, benutzen sie Indikatoren, die ihnen zeigen, ob sie auf dem richtigen Weg sind bzw. wie sie dorthin zurückgelangen. Wer als Unternehmer verinnerlich hat, dass seine Existenz von der Bevorzugung durch andere abhängt, wird deren Präferenzgründe angemessen berücksichtigen. Die Erfüllung dieser „Pflichten" ist kein Hexenwerk. Trivial ist sie aber auch nicht. Das mag schon an der verwirrenden Vielfalt der heute verfügbaren Management-Modelle und – Methoden liegen.

Wozu braucht man Modelle? Jeder kennt den Satz *Nichts ist praktischer als eine gute Theorie.* Modelle sind (theoretische) Konzepte, zu denen De Bono schreibt: „Once you can extract a concept and verbalize ist, you are well on the way to simplify matters" (De Bono 2015, S. 253). Konzepte entstehen durch Beobachtung und einen Schuss Kreativität. Sofern sie brauchbar sind, vereinfachen sie das Alltagsleben in bestimmten Bereichen. Gegner von Modellen brandmarken sie als „akademisch". Sie übersehen, dass gute Modelle in kniffligen Situationen Handlungsalternativen liefern, was die Akteure flexibler macht. Wie viele Modelle aber sind erforderlich, um Unternehmen sicher durch turbulente Zeiten lenken zu können?

© Springer Fachmedien Wiesbaden GmbH 2017
P. Kinne, *Hausaufgaben für Gewinner,* essentials,
DOI 10.1007/978-3-658-19168-9_2

Beim Stöbern in einer Londoner Buchhandlung fiel mit vor einiger Zeit das Buch *Management Models – The 60+ models every manager needs to know* in die Hände (Van Assen et al. 2009). Darin 60 Management-Modelle, mit Klassikern wie Porters Branchenkräfte, SWOT-Analyse (**S**trengths, **W**eaknesses, **O**pportunities, **T**hreats), Portfoliomodelle, Blue Ocean, Balanced Scorecard und der EFQM-Ansatz (**E**uropean **F**oundation for **Q**uality **M**anagement). Sie erfüllen unterschiedliche Zwecke, ergänzen sich teilweise, wie die markt- und ressourcenbasierten Modelle, enthalten aber auch Fallstricke. In der Zeit, die man zur Analyse der Branchenkräfte benötigt, haben sich diese vermutlich schon geändert. Portfoliostrategien basieren auf Faktoren wie *Marktanteil* und *Marktattraktivität* und ignorieren damit andere Potenziale. SWOT-Analysen werden oft aus Sicht des Managements erstellt, was jedoch die Sicht von Kunden und Beschäftigten ausblendet. Die Balanced Scorecard erfordert eine differenzierte Strategie und tragfähige Leistungsindikatoren – eine oft unterschätzte Anforderung! Das Total-Quality-Instrument EFQM überzeugt durch seine logische Stringenz, weniger jedoch durch seine hohe (Eigen-)Komplexität.

Abgesehen von den Fallstricken wäre es denkbar unpraktisch, mit 60 Management-Modellen im Wettbewerb der Zukunft anzutreten. Keines der Modelle enthält kognitive Blockadelöser gemäß Abb. 1.3. Ich stelle deshalb ein Modell vor, das die strategische Bedeutung von Spannungsfeldern angemessen würdigt und Anforderungen für einen beidhändigen Umgang mit Komplexität enthält. Die *Paradoxie der Zukunftsfähigkeit* basiert auf dem Gegensatz *Reduzieren versus Erweitern* (Abb. 2.1). Die Umsetzung der Anforderungen wird durch Teilmodelle

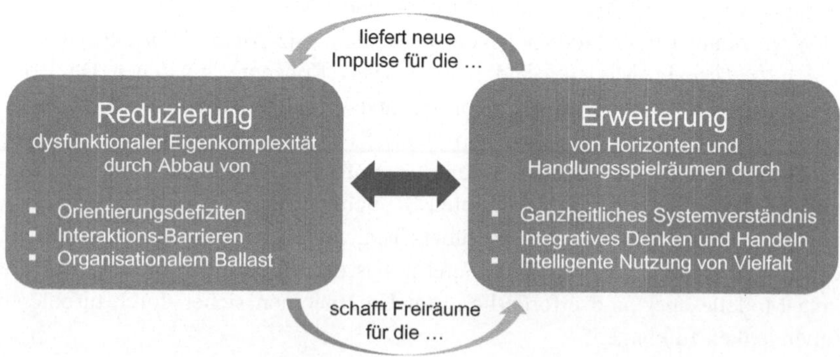

Abb. 2.1 Paradoxie der Zukunftsfähigkeit

unterstützt. Sie kann damit systematisch und in jeweils angemessenem Tempo erfolgen.

2.2 Eigenkomplexität reduzieren

Die Eigenkomplexität einer Organisation, die „Varietät möglicher Zustände im Inneren", hängt natürlicherweise von der Anzahl ihrer Elemente (Personen, Einheiten, Standorte, technische Systeme etc.) sowie deren Verbindungen und Dynamiken ab. Idealerweise werden alle Elemente für das operative Geschäft benötigt und erleichtern durch ihr Zusammenwirken den Umgang mit den Unwägbarkeiten im Außenraum. Die Varietät möglicher Zustände wächst jedoch auch, wenn Dinge, die geklärt sein müssten, unklar sind, wenn die Akteure schlecht kooperieren und die falschen Themen im Auge haben, Prozesse umständlich sind und unnötige Ressourcen angehäuft werden. Diese Art von Eigenkomplexität ist *dysfunktional,* und damit schädlich (Abb. 2.2). Die Anforderungen der linken Seite der Paradoxie lauten deshalb:

▶ **Reduziere die dysfunktionale Eigenkomplexität Deines Unternehmens,** indem Du a) Orientierungsdefizite, b) Interaktions-Barrieren und c) Organisationalen Ballast abbaust.

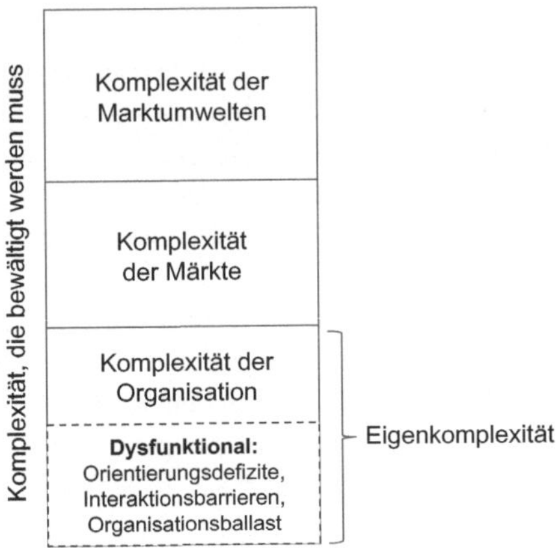

Abb. 2.2 Komplexitätsquellen

Der Orientierungswert einer Aussage hängt davon ab, inwieweit sie Impulse für gute Entscheidungen und autonomes Handeln liefert. Das wird ganz sicher von Aussagen zum Unternehmensprofil erwartet. Potenzielle Kunden, Fach- und Führungskräfte, Lieferanten und Investoren erfahren dadurch, welchen Nutzen ein Austausch mit der Firma für sie hat. Wer es versäumt, solche fundamentalen Dinge zu klären, erhöht die Varietät unkalkulierbarer Zustände im Inneren, und damit die dysfunktionale Eigenkomplexität. Wie aber können solche Aussagen strukturiert werden?

Strategie mit System

Aussagen zu Unternehmen bieten ein verwirrendes Bild: Ziele, Werte und Kompetenzen tauchen in Missionen, Visionen, Philosophien und Leitbildern auf, als Bestandteil der Strategie, oder auch separat. Es ist nicht leicht, unterschiedliche Menschen hinter einer *Vision* zu versammeln, die ja erst mal eine Erfahrung Einzelner ist. Altbundeskanzler Helmut Schmidt hat Visionäre zum Arzt geschickt. Wenngleich seine Strenge etwas übertrieben erscheint, ist es wenig sinnvoll, Visionen mit idealisierten Inhalten aufzuladen, weil daraus oft *Dreams that never come true* werden. Auch der Begriff *Mission* mag heute etwas „entrückt" erscheinen. In einem hoch emotionalisierten Marktgeschehen sind *Wertebotschaften* en vogue. Werte sind Maßstab des Handelns und Grundlage von Bewertungen. Ralph L. Keeney schreibt: „Values are principles used for evaluation. We use them to evaluate the actual or potential consequences of action and interaction, of proposed alternatives, and of decisions. They range from ethical principles that must be upheld to guidelines for preferences among choices" (Keeney 1992, S. 6, 7). Entscheidungsschwäche, Zielkonflikte und Umsetzungsprobleme lassen sich meist auf nicht, nicht konsequent, nicht offen oder nicht sorgfältig geführte Wertedebatten zurückführen. „Smart choices" basieren auf einer klaren Vorstellung vom Wünschenswerten: „Ask yourself what you most want to accomplish and which of your interests, values, concerns, fears, and aspirations are most relevant to achieving your goal" (Hammond et al. 2002, S. 7).

Aussagen zum Nutzenversprechen eines Unternehmens können pragmatisch den Begriffen *Zweck, Absicht* und *Anspruch* zugeordnet werden. Der Zweck beschreibt die Funktion in Wirtschaft und Gesellschaft, indem er über Angebote und Zielgruppen informiert: *Was wir bieten und für wen das gedacht ist.* Absichten legen dar, *was wir erreichen wollen.* Sie beinhalten Ziele in Bezug auf Wachstum, Märkte, Produktivität, Rentabilität, aber auch qualitative Ziele wie z. B. *Das Leben durch saubere und sichere Energiegewinnung und – nutzung leichter und besser machen.* Ziele sollten so konkret wie möglich sein. Das Ziel *Wir wollen unsere Kunden zufriedenstellen* ist nicht sehr vorbildlich, denn erstens leben Firmen davon, und zweitens bleibt unklar, wie man das erreichen will. Dazu Keeney: „Strategic objectives, if they are written down at all, are usually vague statements that everyone would easily agree with. They are too vague to be useful for guidance" (S. 42). Reinhard Sprenger spottet: „Überall wimmelt es von grotesk überdehnten Bekenntnissen zum Gemeinwohl, zur Ökologie, zur Menschlichkeit, zur gesellschaftlichen Verantwortung. Konkretisierung ist dabei nicht zu befürchen" (Sprenger 2017).

Ziele sind oft eng mit dem *Anspruch* einer Organisation verbunden, der jedoch, anders als Ziele, meist normativen Charakter hat. Der Anspruch beschreibt den wertebasierten Maßstab des Handelns, indem er ausdrückt, *wie wir Dinge tun und wofür wir stehen.* Im *essential* „Blockadefreie Unternehmen" wurden Werte wie Ehrgeiz, Neugier, Leidenschaft, Teamgeist und Vielfalt, Augenhöhe und Vertrauen, fachliche Exzellenz, Verantwortung und Balancevermögen als Erfolgstreiber auf der Mikroebene identifiziert. Wer sie teilt, fühlt sich durch sie angezogen – die Grundidee von *employer branding.*

Während ein Angebot beim erstenmal wegen des Nutzenversprechens angenommen wird, beruht die weitere Bevorzugung eines Anbieters auf positiven Erfahrungen. Im Sinne der Kunden- und Mitarbeiterbindung sollten Versprechen und Erfahrungen sehr gut und nachhaltig übereinstimmen. Das gelingt mit *Schlüsselkompetenzen* besser (der Begriff *Kernkompetenzen* klingt nach „in Stein gemeißelt", was in einem dynamischen Kontext unvorteilhaft wäre). Es sind die besonderen Stärken eines Unternehmens, die auf einer einzigartigen Kombination bestimmter Merkmale (z. B. Know how), Systeme, Prozesse und Beziehungen basieren. All das muss zudem finanziert werden. Procter & Gamble hat ein ausgeprägtes *Verbraucherverständnis* und ist u. a. stark in *Markenbildung* und *Innovationen.* Diese Stärken basieren u. a. auf Marktforschung, Designkompetenz, langjährigen Beziehungen zu Agenturen und einer hoch entwickelten Leadershipkultur (Lafley und Martin 2013, S. 116). Zusammen mit Schlüsselkompetenzen und Finanzmitteln bilden diese Dinge das Ressourcenpaket des Unternehmens. Weil sich das auch ungeplant entwickeln kann, werden Schlüsselkompetenzen mitunter erst später als solche wahrgenommen.

Leistungsindikatoren und Optimierungsprozesse bilden das Managementsystem, das den Aufbau, den Erhalt und die Entwicklung von Schlüsselkompetenzen, unterstützenden Merkmalen, Systemen, Prozessen, Beziehungen und Finanzmitteln sicherstellt. Kernbestandteil dieses Systems sind Leistungsindikatoren, die *key performance indicators* (KPIs). Sie stellen Anforderungen dar, die so konkret sind, dass ihr Erfüllungsgrad gemessen werden kann – ein Kernfaktor des Qualitätsmanagements. Kennzahlen für die Art, Höhe und Nutzung von Finanzmitteln sind weltweit einheitlich (Eigenmittelquote, Free cashflow, Economic value added [EVA] etc.).

Diese Elemente bilden zusammen das *Integrierte Strategiesystem* (Abb. 2.3). Seine Inhalte, Wechselwirkungen und Dynamiken unterscheiden sich nach Geschäftsfeld und Geschäftsmodell (dem Zweck) und sind damit kontextabhängig. Die Telekommunikation kennt andere Dynamiken als der Braunkohle-Tagebau. In angemessenen Intervallen sollten die Inhalte mit Fach- und Führungskräften, die unterschiedliche Perspektiven einbringen, mit Blick in die Zukunft reflektiert werden. Das sollte geschehen, *bevor* neue Kundenwünsche, Technologien, Wettbewerber und sonstige Faktoren zur Anpassung zwingen. Zukunftsentwürfe gelingen zwanglos besser als unter Hochdruck.

Im Buch *Die Kunst, bevorzugt zu werden* beschreibe ich einen Weg, der von Zielen und Werten direkt zu Anforderungen und deren Erfüllung führt (Kinne 2011, S. 114). Diese „schnelle Variante" eignet sich in Situationen, in denen Schlüsselkompetenzen entweder nicht entwickelt oder nicht (mehr) relevant sind, z. B. in disruptiven Veränderungsprozessen. Markenprägende Nutzenversprechen sind jedoch ohne Schlüsselkompetenzen kaum nachhaltig.

Abb. 2.3 Integriertes Strategiesystem

Barrierefrei interagieren

Weil Marktimpulse oft aus kundennahen Bereichen wie dem Vertrieb kommen, sollten Firmen für solche Informationen durchlässig sein. Interaktions-Barrieren behindern ihren Fluss über Fach-, Organisations- und Hierarchiegrenzen hinweg. Ursache sind oft Hemmnisse auf der Mikroebene. Aber auch ohne solche Hemmnisse sollte klar sein, wer mit wem zu welchem Zweck interagieren muss, damit der Betrieb läuft. Hier bietet das *Viable Systems Model* (VSM) eine gute Orientierung. Dieses Modell wurde empirisch bestätigt (Schwaninger und Scheef 2016) und geht auf Stafford Beer zurück, der als Begründer der Managementkybernetik gilt (Beer 1979, 1981). Es entspricht dem zentralen Nervensystem des Menschen und bildet die Funktionen eines lebensfähigen Systems ab (Abb. 2.4). Organisationen, in denen man nach dem VSM interagiert, verfügen über gut koordinierte operative Einheiten (Business Units, Produkt- und Serviceteams etc.), Sensoren für die Außenwelt und eine Instanz, die den normativen Rahmen definiert sowie kontroverse Meinungen und Interessen ausbalanciert. Das VSM passt für Konzerne ebenso wie für den Bäcker mit einer Betriebsstätte: Die Verkäuferinnen an der Theke sind die Teilsysteme eins, der Inhaber ist Teilsystem zwei, drei und fünf in Personalunion, seine Frau fungiert als Teilsystem vier, sofern sie mit Kunden spricht und die Wettbewerber im Auge hat.

Mit der Größe der Organisation, der Anzahl und Vielfalt ihrer Elemente und der Komplexität der Aufgaben wächst der Bedarf, die Teilsysteme sowohl personell als auch technisch (z. B. durch Digitalisierung) adäquat auszustatten und Abstimmungsprozesse zu formalisieren. Gleichwohl ist der Aufwand dafür nicht

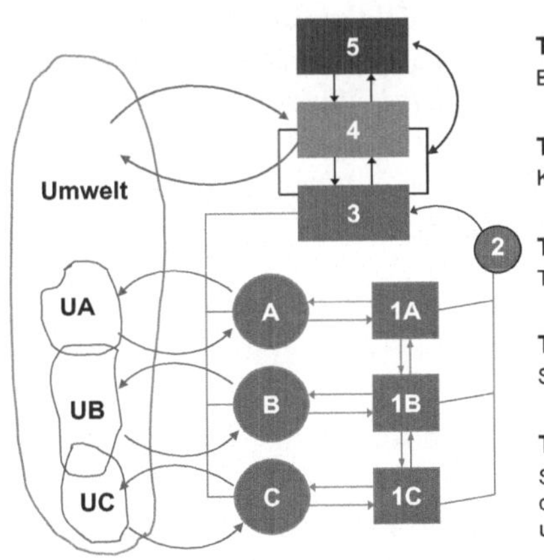

Teilsysteme 1: Operative Einheiten
Erbringen zweckkonforme Leistungen

Teilsystem 2: Informationsdrehscheibe
Koordiniert Systeme 1

Teilsystem 3: Operative Gesamtleitung
Teilt Ressourcen zu, stellt Synergien her

Teilsystem 4: Umwelt – Monitor
Sammelt und kommuniziert Umweltinformationen

Teilsystem 5: Oberste Entscheidungsinstanz
Setzt normativen Rahmen, überwacht Interaktion der Systeme 3 und 4, fällt ausgewogene Entscheidungen und sorgt für Orientierung im Gesamtsystem

Abb. 2.4 Viable Systems Model (VSM)

zwangsläufig hoch. System zwei z. B. kann bereits im informellen Austausch von Informationen in der Teeküche bestehen, sofern die Beteiligten wissen, worüber sie sich austauschen sollen. Divisionale Strukturen in großen Firmen können Interaktions-Barrieren und ineffiziente Nutzung der Ressourcen hervorrufen. Diese Nachteile lassen sich anhand des VMS ohne umbruchartige Veränderungen beseitigen, indem z. B. System zwei *shared services* in Bereichen wie IT, Personalentwicklung, Qualitätssicherung oder Compliance organisiert und den Umgang mit strategischen Themen koordiniert. Auch die Errichtung divisionsübergreifender Kunden-Profitcenter kann sinnvoll sein (vgl. Strikwerda 2007, Strikwerda und Stoelhorst 2009). Während das VSM regelt, wer mit wem zu welchem Zweck kooperieren soll, liefert das Strategiesystem die Inhalte. Die Motivation, produktiv zu kooperieren, ist jedoch eng mit dem Gefühl der persönlichen Sicherheit verknüpft (Kap. 3).

Ballast abwerfen
Organisationaler Ballast entsteht, wenn Unternehmen ihr Tun nicht konsequent am Nutzenversprechen ausrichten und Ineffizienzen zulassen. Unnötige Bestände, umständliche Abläufe, Wartezeiten und vermeidbare Fehler (japanisch *Muda,* Verschwendung), sollten eben auch vermieden werden. Die Ballastanforderung ist die Domäne des *Lean Managements,* mit Instrumenten wie Kaizen, PDCA (plan-do-check-act) und Six Sigma (Bicheno und Holweg 2009).

Unternehmen, die die Anforderungen auf der linken Seite der Paradoxie erfüllen, verfügen über *Administrative Substanz, Transparenz und Kohärenz.* Sie bringen ihre Möglichkeiten mit den Anforderungen im Umfeld in Einklang und erzeugen dadurch *strategic fit* (Grant 2005). Sie können neue Informationen, an denen es heute nicht mangelt, *selektieren, bewerten* und *nutzen.* Sofern ihre Beschäftigten über ein klares Rollenverständnis verfügen, entstehen kohärente Sinnstrukturen. So werden Excellence-Awards gewonnen. Wer im Wettbewerb der Zukunft zu den Gewinnern gehören möchte, muss jedoch mehr tun.

2.3 Horizonte und Handlungsspielräume erweitern

Die Anforderungen auf der rechten Seite der Paradoxie lauten:

▶ **Erweitere Horizonte und Handlungsspielräume,** indem Du a) Bei Dir und den Menschen in Deinem Umfeld ein ganzheitliches Systemverständnis erzeugst, b) Integrativ denkst und handelst und c) Vielfalt intelligent nutzt.

Das System verstehen

Wie alle lebendigen Systeme haben Unternehmen eine Anatomie und eine Physiologie, mit Elementen, Funktionen und Wechselwirkungen, die man wie ein Arzt kennen sollte, um ihre Lebensfähigkeit erhalten zu können. Das Gesamtsystem umfasst die Organisation als „Institution", ihre Menschen, Märkte und Marktumwelten. Die Beschäftigten können zwar der Organisation zugerechnet werden, haben aber eine wichtige Besonderheit: Sie verfügen über einen freien Willen und sind damit *autonomiefähig*. Ihre Interaktion mit der Institution ist daher nur unter bestimmten Bedingungen produktiv (Kap. 3). Von strategischer Bedeutung sind auch die zeitlichen Dimensionen *Vergangenheit, Gegenwart* und *Zukunft* (Abb. 2.5).

Wer das System, in dem er agiert, verstehen will, muss nicht nur dessen Elemente kennen und wissen, wer mit wem weshalb kommunizieren sollte. Er sollte auch wissen, wie Wertschöpfung entsteht: Immaterielle Ressourcen werden dabei in (materielle) Finanzwerte umgewandelt. Im Transformations-Prozess (Abb. 2.6)

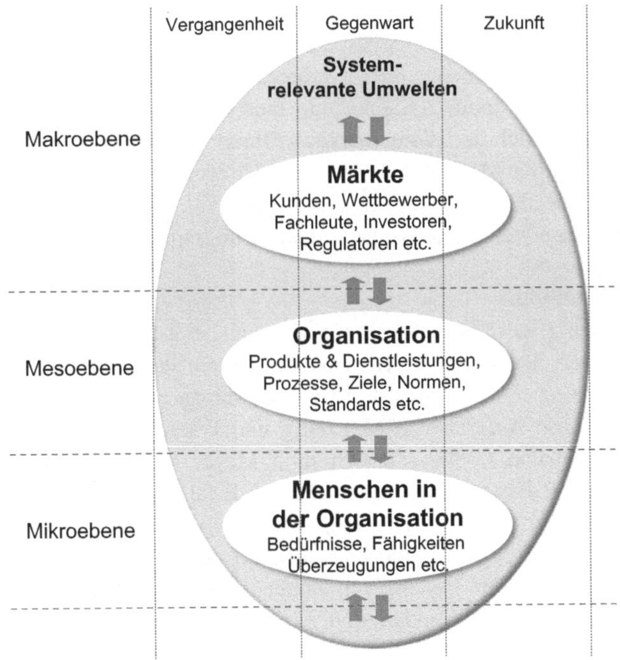

Abb. 2.5 Organisation im Gesamtsystem

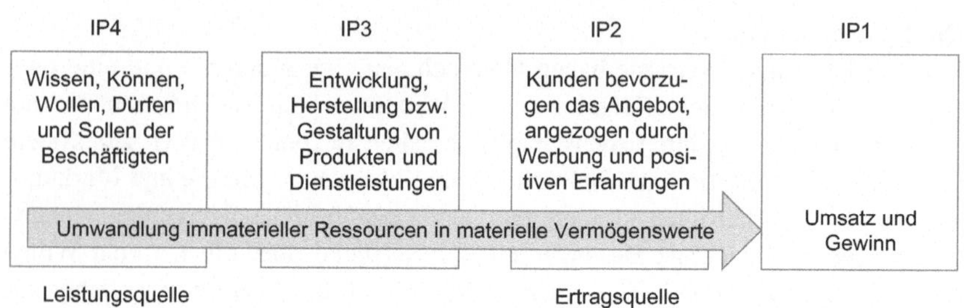

Abb. 2.6 Transformationsprozess der Wertschöpfung. (Quelle: Kinne 2014, 2017)

sind Beschäftigte, mit ihren immateriellen Eigenschaften, die *Leistungsquelle*. Kunden hingegen sind, mit dem (materiellen) Inhalt ihres Portemonnaies, die *Ertragsquelle*. Durch unterschiedliche Distanzen zum Finanzergebnis entstehen unterschiedliche Interventionsphasen (IP 4–1, vgl. Kinne 2014, S. 40).

Die Balanced Scorecard, der wohl populärste integrative Steuerungsansatz, basiert ebenfalls auf Transformation immaterieller Ressourcen in Finanzwerte. Das „Humankapital", mit seinen besonderen Eigenschaften, steht jedoch auf der „Lern- und Wachstumsebene" dieser Scorecard neben dem „Informations"- und dem „Organisationskapital" (Kaplan und Norton 2004). Das kann zu Fehleinschätzungen bezüglich der „Steuerbarkeit" führen. Das Verständnis der Organisation im Kontext ihrer Menschen, Märkte und Umwelten sowie der Art und Weise, wie sie im Sinne ihrer Lebensfähigkeit interagieren sollten, eröffnet den Blick auf´s Ganze – es erweitert Horizonte und Handlungsspielräume.

Gegensätze auflösen

Die Erweiterung wird konkreter, wenn man beidhändig im Spannungsfeld erfolgskritischer Gegensätze agiert. Das wird durch das *Balanced Governance-Cockpit* unterstützt (Abb. 2.7). Die 13 Gegensatzpaare im Cockpit basieren auf Erkenntnissen von Autoren wie Mintzberg und Waters (1985), Pascale (1990), Hamel und Prahalad (1994), De Witt und Meyer (2004), Probst und Raisch (2005), Dodd und Favaro (2006), und eigenen Erfahrungen. Die Paradoxien aus Abb. 1.2 sind darin enthalten. Die *Anspruchsgruppen* tragen der Tatsache Rechnung, dass nachhaltiger betrieblicher Erfolg auf der Berücksichtigung der Interessen aller „Stakeholder" basiert (vgl. Kotter und Heskett 1992). Diese besetzen unterschiedliche Rollen: Kunden und Beschäftigte tragen die Wertschöpfung und sind damit *Schlüsselgruppen*. Lieferanten und strategische Partner sind u. a. *externe Wissensquellen*. Investoren und die Gesellschaft sind Institutionen, von

	Kriterien	Erfolgskritische Gegensätze
Grundorientierungen	Zeitlicher Horizont	Kurzfristig - Langfristig
	Systemfokus	Außen - Innen
	Umgang mit Wissen	Ausschöpfen - Erkunden
	Strategieprozess	Durchplanen - Situativ entwickeln
	Führungsverhalten	Autokratisch - Partizipativ
	Kultur	Gemeinschaft – Wettbewerb intern
	Wirtschaftliche Effekte	Profitabel - Wachstumsstark
Anspruchs-gruppen	Schlüsselgruppen	Kunden - Beschäftigte
	Externe Wissensquellen	Lieferanten - Strategische Partner
	Quelle der Legitimation	Investoren - Gesellschaft
Organisations-merkmale	Entscheidungshoheit	Zentral - Dezentral
	Organisationsgrad	Durchorganisiert - Nicht organisiert
	Dynamik	Dynamisch - Stabil

Abb. 2.7 Balanced Governance-Cockpit

denen Firmen ihre *Legitimation* beziehen (Kinne 2013). Wer beidhändig zwischen den „Polen“ agiert, ist zumindest auf längere Sicht erfolgreicher. Im *Balanced Governance-Audit* werden strategische Ungleichgewichte transparent (Kap. 3).

Vielfalt intelligent nutzen

Das dritte Werkzeug in dieser Gruppe ist intelligente Nutzung von Vielfalt. Gemeint ist die Vielfalt der Menschen. Bei komplexeren Aufgaben bewährt es sich, Teams nicht nur mit fachlich Zuständigen, sondern auch mit Analytikern, Kreativen, Planern, Qualitätsexperten, „Beziehungsgestaltern“ und „Umsetzern“ zu besetzen. Die Produktivität solcher Teams steigt mit der Stimmigkeit und Einheitlichkeit ihrer Orientierungsgrößen. Nicht ohne Grund arbeitet man z. B. in Scrum-Projekten mit einer glasklaren *definition of done.* Sie sollte zum *Anspruch* des Unternehmens passen, der dann für alle Beteiligten sehr konkret wird. Heterogene Teams benötigen ein gutes Klima für Kooperation und Innovation, Inklusionsreife für sozio-kulturelle Andersartigkeit (ein bilaterales Merkmal!), gut abgrenzbare Beiträge der Teammitglieder, eine lernorientierte Dialogkultur, gemeinsame Arbeitsstandards, regelmäßiges Reflektieren der Zusammenarbeit, Synergien mit anderen Teams und nicht zuletzt die lenkende Hand des Teamleiters oder der Teamleiterin. Diese Merkmale erlangen eine besondere Bedeutung bei virtuellen Teams und im Konzept des „global leadership".

Wer grundsätzlich seinen Standpunkt durchsetzt oder es versucht, gefährdet die Produktivität der Teamarbeit. Anstatt mit „defensiven Routinen" zu arbeiten (Argyris 1999), sollte man seine Meinung lieber durch Impulse anderer bereichern, relativieren – und mitunter sogar aufgeben. Lafley & Martin nennen diese Haltung *assertive inquiry* (Lafley und Martin 2013). Wichtig sind sachliche Diskurse auf Augenhöhe, ungeachtet der hierarchischen Position. Der Lohn dafür ist produktives, kollektives Lernen und die Fähigkeit, komplexe Aufgaben lösen zu können. Abb. 2.8 zeigt das „Haus produktiver Teams" (vgl. Kinne 2016b).

Wegen dieser Anforderungen dürfte intelligente Nutzung von Vielfalt der anspruchsvollste Weg zur Erweiterung von Horizonten und Handlungsspielräumen sein. Es ist aber auch der mit dem größten Innovationspotenzial. Zudem bietet er die Chance, schmerzhafte Irrtümer so weit wie möglich zu vermeiden. Wie

Abb. 2.8 Haus produktiver Teams

kein anderer profitiert dieser Weg vom Abbau von Orientierungsdefiziten, Interaktionsbarrieren und organisationalem Ballast. Das Haus weist Parallelen zum idealen Unternehmen auf. Die Mitarbeit an seinem Bau ist die Aufgabe eines strategisch verstandenen Diversity Managements.

Diversity Management ist eine relativ junge Disziplin. Ihre Wurzeln liegen in den USA, wo Frauen, Einwanderer und Minderheiten wegen des schrumpfenden Anteils weißer Männer am Erwerbsleben seit vielen Jahren die wichtigste Wachstumsreserve des Arbeitsmarktes bilden (vgl. Cox 1993, S. 3–5). Durch die demografische Entwicklung werden auch bei uns die Belegschaften „bunter", alleine schon um die Betriebsbereitschaft der Firmen zu sichern. Gleichbehandlung ist bei uns gesetzlich verankert und hat zudem eine ethisch-moralische Komponente. Gesetzliche Regelungen zur Steigerung des Frauenanteils in Führungspositionen erhöhen den Druck auf Diversity-Strategien, die deshalb oft von *Gender Mainstreaming* dominiert werden. Immer mehr Firmen wissen, dass Zeichen der Offenheit und Chancengleichheit gut für's Image sind, und bekennen sich öffentlich dazu. Das versetzt sie jedoch noch lange nicht in die Lage, das Potenzial heterogener Gruppen produktiv nutzen zu können.

Teamproduktivität basiert nicht auf der Repräsentanz äußerer Merkmale wie Geschlecht, Alter, Hautfarbe etc. Sie basiert vielmehr auf der Verschiedenartigkeit von Perspektiven, Lern- und Entwicklungserfahrungen, unter dem Dach gemeinsamer Orientierungsgrößen. Um Diversität wirtschaftlich nutzen zu können, muss man „Andersartigen" mit Offenheit und Neugier begegnen. Durchgehend Offenheit herzustellen ist nicht leicht. Das beachtliche Potenzial sozio-kultureller Vielfalt kann jedoch nur dann voll genutzt werden, wenn darüberhinaus die Querschnittsdisziplin Diversity Management strategisch integriert ist. Das zeigt sich in der Basisstufe durch Einbeziehung in das integrierte Strategiesystem der Firma (z. B. als Wert im Anspruch). In der Ausbaustufe zeigt es sich z. B. in einer *Koalition der Exzellenz* mit anderen Querschnitts-Disziplinen wie Qualitäts-, Innovations-, Marken- und Change Management (Kinne 2016a). Hier gibt es insbesondere in großen Unternehmen, mit ihrer Tendenz zur Silobildung, Entwicklungsbedarf. Gleichwohl gibt es fortschrittliche Initiativen. Eine werde ich kurz beschreiben.

Kaum ein Unternehmenstyp steht derzeit vor so komplexen Herausforderungen wie die großen Energieversorger. Sie müssen den gesetzlich geforderten (und sehr kostspieligen) Ausstieg aus der Atomenergie, den Ausbau erneuerbarer Energien sowie der Strom- und Gasnetze bewältigen. Zusätzlich sind sie, wie andere Unternehmen, mit neuen Technologien, neuen Kundenwünschen und neuen Wettbewerbern konfrontiert. In meinem Buch *Die Kunst, bevorzugt zu werden* ist das Leitbild der damaligen EnBW Regional AG beschrieben, mit Werten für Kunden und Beschäftigte, die dank moderner Führungsgrundsätze „erlebbar" waren.

Grundsätze wie *Teamarbeit, Freiräume* und *gezielte Mitarbeiterförderung* bildeten die Basis zur Bewältigung von Herausforderungen, die sich damals längst abzeichneten (Kinne 2011, S. 106, 107).

Auf der Hauptversammlung der EnBW AG am 9. Mai 2017 beschrieb der Vorsitzende des Vorstands, Dr. Frank Mastiaux, die Strategie *EnBW 2020* und sagte: „Der souveräne Umgang mit Veränderung, aber auch mit Ungewissheit über den genauen Gang der Entwicklungen, ist eine kritische Kompetenz, an der wir in den vergangenen Jahren systematisch gearbeitet haben" (Mastiaux 2017). Ungewissheit und Veränderung sind Symptome von Komplexität, und organisierte Vielfalt ist ein Werkzeug zu deren Bewältigung und Nutzung, weil sie Horizonte und Handlungsspielräume erweitert. Genau das betreibt die EnBW AG heute, wodurch sie neue Trends erkennt (neben erneuerbaren Energien und Netzen neue Infrastrukturthemen etc.) und in Innovationsprojekte einfließen lässt. In diesem Kontext sorgt ein Team aus der zentralen Personalentwicklung mit Rückenwind des Vorstands dafür, dass das Verständnis für die Bedeutung des Themas auf breiter Front wächst. Diversity ist Bestandteil der Zielvereinbarung der Vorstände und einiger Top Manager, und damit ein wichtiger Baustein der Personalstrategie. Neben dem *Diversity Day,* der für die unterschiedlichen Facetten des Themas sensibilisiert, gibt es Formate wie *Vielfalt am Abend.* Impulsreferate und Diskussionen mit interessierten Fach- und Führungskräften, vom Vorstand bis zum Techniker im Wasserkraftwerk, tragen in einem informellen Setting zur Erweiterung von Horizonten und Handlungsspielräumen bei. Durch „Andocken" bei den Leadership-Angeboten und auf dem *Innovations-Campus* diffundiert das Thema in die Organisation hinein und schafft dort ein Bewusstsein für den Zusammenhang zwischen Vielfalt, Innovationskraft und Zukunftsfähigkeit.

Wer das System, in dem er agiert, versteht, erfolgskritische Gegensätze integriert und Vielfalt intelligent nutzt, kann komplexe Aufgaben besser lösen als andere. Er gewinnt Impulse für neue Orientierungen auf der linken Seite der Paradoxie der Zukunftsfähigkeit. Zweck, Absicht und Anspruch können anders gedacht und mit neuer Substanz im Sinne eines noch attraktiveren Nutzenversprechens aufgeladen werden. Dadurch wachsen die Chancen, in einem schwierigen Umfeld eine von allen Anspruchsgruppen bevorzugte Sinngemeinschaft zu werden.

3 Beziehungsarbeit

3.1 Beziehungsqualität, die messbar ist

Die im letzten Kapitel erläuterten Konzepte tragen dazu bei, Erfolgsblockaden zu vermeiden oder zu beseitigen. Unternehmen mit Gewinnerambitionen sind orientierungsstark und verlässlich. Sie verstehen das System, in dem sie agieren (Abb. 2.5), planen ihre Aktivitäten in Übereinstimmung mit ihrem Nutzenversprechen (Abb. 2.3) und entlang eines Transformations-Prozesses (Abb. 2.6). Ausgewogenes Managen (Abb. 2.7) und produktive Teamarbeit (Abb. 2.8) vervollständigen ihr Rüstzeug. Die Erfolgsaussichten hängen jedoch wesentlich von der Qualität der Beziehung zu ihrer *Leistungsquelle* ab, ihren Fach- und Führungskräften. Was als *Customer Relationship Management (CRM)* in Kundenbeziehungen längst geübte Praxis ist, muss durch interne Beziehungsarbeit ergänzt werden. Anhand von zwei Beispielen beschreibe ich im Folgenden eine pragmatische Analyse von Beziehungen: die Wertebalance-Analyse (WBA).

Wertebalance steht für übereinstimmende Interessen bzw. Werte von Austauschpartnern, und damit für gute Austauschbeziehungen, von denen Unternehmen leben. Austauschpartner entscheiden sich u. a. aufgrund ihrer Beziehungserfahrungen für oder gegen das Unternehmen, und sei es „innerlich“. Diese Erfahrungen sind individuell, subjektiv und maßgebend für die Arbeitszufriedenheit. Vor allem sind sie handlungsleitend. Nachdem man in den 1920er Jahren erkannt hatte, dass Arbeit nicht zwangsläufig als Leid empfunden wird, das durch Lohn auszugleichen ist, und dass gute Gefühle produktiveres Arbeiten ermöglichen, haben sich Forscher mit dem Einfluss extrinsischer und intrinsischer Motive auf die Zufriedenheit am Arbeitsplatz befasst. Maslow (1954), Vroom (1964), Herzberg (1968), Locke und Latham (1990), Deci und Ryan (1990), Csikszentmihaly (2000) und andere entwickelten teilweise unterschiedliche Vorstellungen von „Motivatoren“. Weitgehend

© Springer Fachmedien Wiesbaden GmbH 2017
P. Kinne, *Hausaufgaben für Gewinner,* essentials,
DOI 10.1007/978-3-658-19168-9_3

einig ist man sich heute darin, dass Arbeitszufriedenheit von den Motivgruppen *Existenzielle Sicherheit – Autonomie/Handlungsfreiheit/Entfaltung – Soziale Verbundenheit – Persönliches Wachstum – Anerkennung/Rückkopplung – Bedeutung/ Vielseitigkeit der Tätigkeit* getragen wird. In diesem Zusammenhang bemerkenswert sind auch die von Riemann beschriebenen, paradoxen Grundmotive *Abgrenzung versus Hingabe* und *Dauer versus Wandel* (Riemann 1995).

Handlungsleitende Motive unterscheiden sich bei jedem Menschen nach ihrem Rang. Unsere „Wertehierarchie" ist geprägt von Grundüberzeugungen, Persönlichkeit, Herkunft, Lebensweg, beruflichem/privatem Kontext etc. Wer sich für die Motive seiner Beschäftigten nicht interessiert, riskiert, rein ökonomisch gesehen, Produktivitätseinbuße und den Verlust guter Leute. Die WBA (Kinne 2009, 2011) ist Teil eines Frühwarnsystems für zukunftsorientierte Unternehmen – insbesondere für jene, für die qualifizierte Fach- und Führungskräfte ein knappes Gut sind. Das gilt ganz sicher für die folgenden Firmen.

3.2 Wertebalance im Bankenviertel

Die Lucht Probst Associates, kurz LPA, hat ihren Sitz im Bankenviertel von Frankfurt. Mit nahezu 150 Spezialisten kombiniert die Firma Dienstleistungen eines Beraters mit innovativen Softwarelösungen, Produkten und Strategien im Kapitalmarktgeschäft. Der Umsatz im letzten Geschäftsjahr lag über 20 Mio. EUR, und damit 35 % über dem Vorjahr. Die Zahl der Mitarbeiter stieg in den letzten drei Jahren um 40 %. Roland Probst und Stefan Lucht gründeten die LPA im Jahr 1999 und sind geschäftsführende Mitglieder des Managements. Während Probst für die Strategie des Unternehmens und die bedarfsgerechte Konzeption neuer Beratungsansätze und Produkte zuständig ist, betreut Lucht die Großkunden, verantwortet die Neukunden-Akquisition und die interne Organisation.

Man hatte mich zu einem Workshop mit den Führungskräften eingeladen, um über *Balanced Governance* zu sprechen. Einige Monate später verabredeten wir eine Situationsanalyse im Unternehmen, um die Wachstumsstrategie durch belastbares Wissen abzusichern. Mit einem der Geschäftsführer führte ich ein *Balanced Governance-Audit* durch, ein „Pretest" auf oberster Ebene. Mit 16 oberen Fach- und Führungskräften wurden anschließend in ausführlichen, vertraulich geführten Gesprächen Stärken für Kunden und Beschäftigte, der „Vertrauensindex" und Empfehlungen für die Zukunft ermittelt. Weiterhin ermittelten wir den *Wertebalance-Status,* dessen Funktionsweise ich kurz erläutern werde.

Bei der WBA beurteilt die befragte Person die *Wichtigkeit* von 13 für die Arbeitsbeziehung relevanten Faktoren wie z. B. *Teamgeist* oder *Verdienstmöglichkeiten.* Anschließend bewertet sie die *Güte* dieser Faktoren, so wie sie sie wahrnimmt. Während die Rangfolge nach Wichtigkeit die eigene Wertehierarchie abbildet, steht das Güteempfinden für das, was die Organisation diesbezüglich „zu bieten hat". Stimmen Güte und Wichtigkeit überein, sind die Werte *in Balance:* man ist sich „unausgesprochen einig". Durch Miterfassung der Wichtigkeit können die Motive nach Gruppen differenziert, und Maßnahmen können genauer priorisiert werden. Die Faktoren im *Wertebalance-Status* sind Ausdrucksformen der oben beschriebenen Motivgruppen. Abweichungen zwischen Wichtigkeit und Güte bedeuten Über- oder Untererfüllung. Wenn für Beschäftigte Verdienstmöglichkeiten eine Wichtigkeit von 90 % haben (wichtig bis sehr wichtig), ihre Güte jedoch mit 60 % bewertet wird (Schulnote 3.0), ist der Faktor um 30 Prozentpunkte untererfüllt. Dann kann es sein, dass sie von Konkurrenten der Firma mit besseren Verdienstmöglichkeiten abgeworben werden.

Solange die Güte eines Faktors seiner Wichtigkeit entspricht oder diese übersteigt, werden die Erwartungen in diesem Punkt erfüllt bzw. übererfüllt. Man ist dann eher bereit, uneigennützig zu kooperieren und zeigt *organizational citizenship* (Organ 1988). Da man sich *sicherer* fühlt, verlässt man sich in ungewissen Situationen auf seine Bauchgefühle und offenbart damit nicht-rationales Verhalten, das mitunter zu besseren Entscheidungen führt (Gigerenzer 2013, S. 47). Sicherheit motiviert zu selbstständigem Handeln und zu *Selbstorganisation,* eine weitere wichtige Fähigkeit von Gewinnern. Die mit all dem verbundenen guten Gefühle wirken sich positiv auf die Gesundheit aus, bauen Stress ab, fördern Kreativität, aktivieren die Intelligenzleistung und stimulieren zum Erkunden der Umwelt (Doppler und Voigt 2012, S. 30). In diesem Erlebenskontext entsteht Flow, ein Zustand höchster Produktivität (Csíkszentmihályi 2000).

Abb. 3.1 zeigt die 13 Faktoren in der gemittelten Rangfolge ihrer Wichtigkeit für die Befragten der LPA. Jeder Faktor erscheint als Differenz aus Güte minus Wichtigkeit in Prozentpunkten; der unter Effizienzaspekten ideale Wert liegt auf der Nullachse. Mit steigender Wichtigkeit eines Faktors steigen auch die Güteerwartungen – man ist kritischer. Wichtige Faktoren werden deshalb leichter untererfüllt als weniger wichtige, wie in diesem Fall *Teamgeist, Möglichkeit der Mitgestaltung* und *Entfaltungsmöglichkeit.* Das Merkmal *Orientierung/Motivation durch Führung* liegt mit 61 % im unteren Mittelfeld der Wichtigkeit. Mit einer Güte von 56 % (Note 3.2) ist jedoch auch dieser Faktor untererfüllt. Meine Gesprächspartner waren mehrheitlich obere Führungskräfte, bei denen hohe

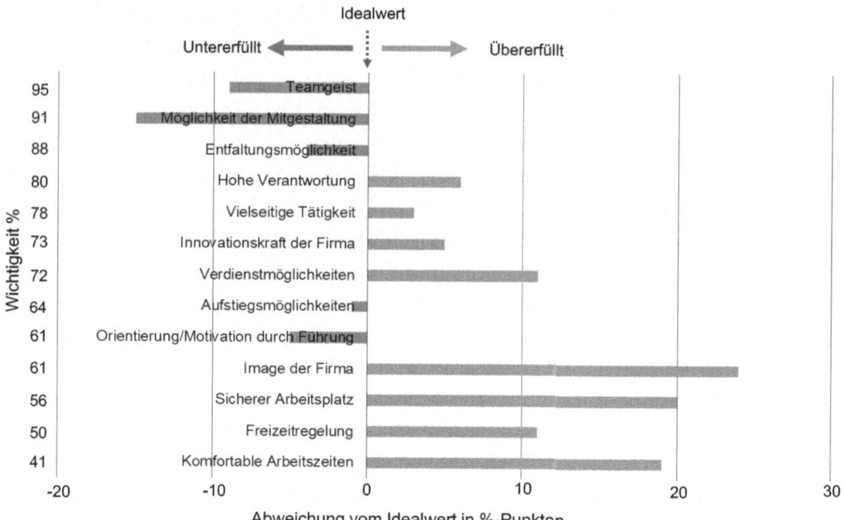

Abb. 3.1 Wertebalance-Status LPA intern

intrinsische Motivation, Selbststeuerung und demzufolge ein geringerer Orientierungs- und Motivationsbedarf vermutet werden kann. Für Personen unterhalb dieser Ebene dürfte dieser Faktor wichtiger sein. Bei gleicher Güte wäre er damit stärker untererfüllt.

Übererfüllung ist prinzipiell positiv, weil es Beziehungen noch stärker machen kann und der Profilierung dient. Die Firma muss sie sich jedoch auch leisten können. Wenn komfortable Arbeitszeiten, wie hier mit 41 %, den letzten Platz in der kollektiven Wertehierarchie der Mitarbeiter belegen, könnte man sich theoretisch ein *ausreichend* leisten, ohne die Beschäftigten zu vergraulen. Eine Gütewahrnehmung von 60 % entspricht der Note befriedigend und bedeutet Übererfüllung um 19 Prozentpunkte. Ob die Arbeitszeiten deshalb verlängert werden sollten, ist eine andere Frage. Das Image der Firma, ein wichtiger Faktor für Kunden, ist den Befragten weniger wichtig und wird am höchsten übererfüllt. Die Verdienstmöglichkeiten liegen im Mittelfeld der Wichtigkeit und werden solide übererfüllt.

Die schlechteste von den Befragten vergebene Note ist 3.2, und ein Kriterium ist mit 14 Prozentpunkten zweistellig untererfüllt. Zum Vergleich: Bei einem durchaus innovativen deutschen Hersteller von Videoüberwachungs-Systemen waren sieben Kriterien mit Wichtigkeit größer 80 % untererfüllt, jedoch um

20–40 Prozentpunkte! Das erfordert sofortiges Handeln, weil sonst die Talente das Unternehmen verlassen (Kinne 2011). Der interne Wertebalance-Status (er kann auch extern bei Kunden ermittelt werden und verdeutlicht dann die eigene Position relativ zum Wettbewerb, vgl. Kinne 2009, S. 224, 225) ist eine Momentaufnahme und bietet die Chance, rechtzeitig an richtiger Stelle das Richtige zu tun.

Diese Chance wurde bei der LPA genutzt: Nach der Analysephase wurde eine Top-Down- und Bottom-up-Kommunikation institutionalisiert. Die in der Untersuchung befragten Führungskräfte werden zu monatlichen Leadership-Stammtischen eingeladen, thematisch unterteilt in Beratung und Software. Strategische Fragestellungen werden dabei erläutert und zur Diskussion gestellt. Die Erfahrungen mit den Stammtischen sind extrem positiv: Die zukünftige Ausrichtung der Firma erlangt eine breitere Wissensbasis, die Geschäftsführung erhält wertvollen Input. Themen mit „Querschnittswirkung“ (z. B. Ressourcenallokation) können heute besser beurteilt und entschieden werden, das Bündeln von Bottom-Up Inhalten verringert Redundanzen in der Steuerung. Der Begriff „Stammtisch“ ist kein Marketing-Gag: Es wurde bewusst ein lockeres Format gewählt, mit Begegnungen außer Haus und gemeinsamen Abendessen. Die Atmosphäre in diesen Runden hat sich als deutlich teamfördernd erwiesen. Es ist geplant, die WBA später firmenweit durchzuführen, um dann auf noch breiterer Basis Imbalancen frühzeitig erkennen und beseitigen zu können.

Ein insgesamt positiver Wertebalance-Status und die Anstrengungen, ihn zu optimieren, deuten auf günstige Merkmale auf der Mikroebene hin: Die obersten Entscheider prägen wesentlich das Klima und die Zusammenarbeit. In einem Vorgespräch hatte ich die Gründungspartner, Stefan Lucht und Roland Probst, nach ihren Grundüberzeugungen gefragt. Selbstverwirklichung, gegenseitiger Respekt und Vertrauen, Freude am sachlichen Diskurs, Freundschaft und Neugier sind beiden wichtig. Sie betrachten Dinge aus unterschiedlichen Perspektiven: Wenn einem das Glas halb leer erscheint, so erscheint es dem anderen halb voll. Mit diesen Grundüberzeugungen und komplementären Wahrnehmungen sind sie ein ideales Leadership-Tandem mit Hinblick auf zukünftige Herausforderungen.

3.3 Serviceline auf dem Weg zur Exzellenz

Mazars ist eine internationale, vollintegrierte und unabhängige Partnerschaft, die auf Wirtschaftsprüfung und Beratungsleistungen spezialisiert ist – ein im Branchenumfeld und bei vergleichbarer Größe einzigartiges Organisationsmodell. Weltweit zählt die Partnerschaft rund 18.000 Mitarbeiter, die mit 950 Partnern in

270 Kanzleien Mandanten rund um den Globus betreuen. In Deutschland gehört Mazars zu den zehn größten Unternehmen der Branche und kann auf eine fast 100jährige Geschichte verweisen. An zwölf Standorten sind 73 Partner und 1200 Mitarbeiter für ihre Mandanten zuständig. Ein Schwerpunkt neben der klassischen Steuerberatung ist *Accounting and Outsourcing Solutions* (AOS). In den Bereichen Finance, Management Reporting, Payroll und Human Resources betreut man Unternehmen, die sich voll auf ihr Kerngeschäft konzentrieren wollen. Carsten Schläwe ist Steuerberater und Partner bei Mazars in Düsseldorf. Er leitet landesweit die Serviceline AOS – sein Team in Düsseldorf umfasst gut 30 Mitarbeiterinnen und Mitarbeiter.

Wir hatten uns getroffen, um über das Thema *Shared Leadership* zu diskutieren. Es ist Bestandteil des MBA-Curriculums, welches Mazars für Mandanten und eigene Talente aufgesetzt hat. Nach dem erfolgreichen Merger zwischen Mazars und Roever Broenner Susat in 2015 macht sich der Düsseldorfer Partner verstärkt Gedanken über Werte und Motivatoren seiner Mitarbeiterinnen und Mitarbeiter. Eine Wertebalance-Analyse bot sich da förmlich an. Zu den Grundüberzeugungen von Carsten Schläwe gehören Respekt *für* und Vertrauen *in* andere, sowie Mehrwert durch Teamarbeit. Wir planten die Durchführung des „Analysepakets“ aus Balanced Governance-Audit, Ermittlung der Stärken für Kunden und Beschäftigte, WBA, Vertrauensindex sowie Empfehlungen der Befragten für die Zukunft.

Abb. 3.2 zeigt den Wertebalance-Status des AOS-Teams von Mazars in Düsseldorf. Die Topwerte sind, wie schon bei der LPA, *Entfaltungsmöglichkeit, Teamgeist, Mitgestaltung, Vielseitigkeit* und *Verantwortung*. Zumindest in den beiden untersuchten Fällen aus dem finanznahen Bereich sind das offensichtlich Motivatoren von „Wissensarbeitern“, männlich wie weiblich. Natürlich kann in jedem Unternehmen die Rangfolge der Werte anders sein, wobei Branche, systemischer Kontext und Gütewahrnehmung wichtige Beeinflusser sind. In einem von Ingenieurskunst getragenen Unternehmen z. B. war *Innovationskraft* der wichtigste Faktor (Kinne 2011, S. 131).

Im Mittelfeld der Wichtigkeit unterscheiden sich die Urteile bei der LPA und Mazars: Die Faktoren *Sicherer Arbeitsplatz* und *Komfortable Arbeitszeiten* sind für die Befragten bei Mazars wichtiger als bei der LPA. Das dürfte daran liegen, dass Frauen bei Mazars die weitaus größere Gruppe der Beschäftigten im Vergleich zur LPA bilden. Bei Frauen hat die Betreuung eigener Kinder natürlicherweise einen anderen Stellenwert als bei Männern (insbesondere dann, wenn diese aufgrund ihres Alters noch kinderlos sind). Aufgrund ihrer besonderen Anforderungen bewerten Mütter Arbeitsplatzsicherheit und komfortable Arbeitszeiten höher als (kinderlose) Männer.

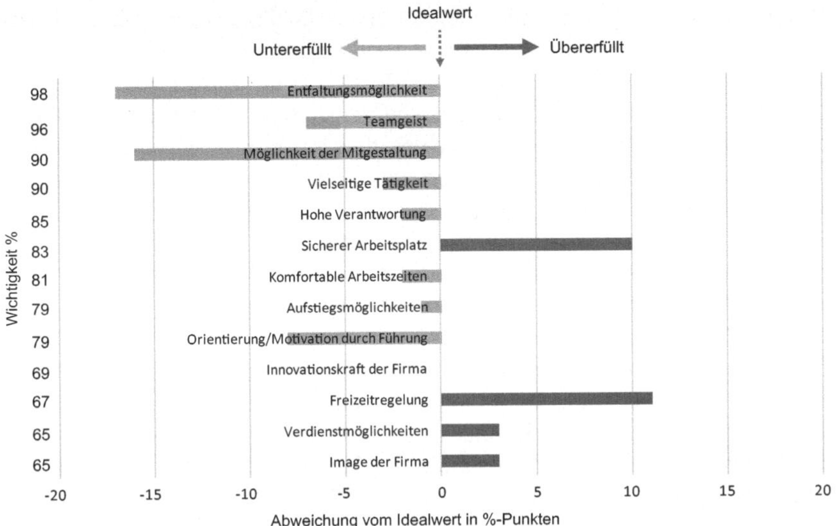

Abb. 3.2 Wertebalance-Status Mazars intern

Weiterhin fällt bei Mazars die Untererfüllung bei den Top-Faktoren *Entfaltungsmöglichkeit* und *Mitgestaltung* auf. Hier ist zunächst wieder zu bemerken, dass ein Faktor mit einer Wichtigkeit von 100 %, der mit der Note 2.0 bewertet wird (entspricht 80 %), um 20 Prozentpunkte untererfüllt ist. Auch hier also Kritik auf hohem Niveau. Das bei der Befragung ermittelte interne Stärkenprofil der Unternehmenseinheit ließ darauf schließen, dass Einschränkungen in der Möglichkeit, sich zu entfalten und mitzugestalten, nicht etwa in einer restriktiven Haltung der Führung begründet sind. Das Miteinander, der „kulturelle Rahmen", wurde im Gegenteil durchgängig als positiv empfunden. Hingegen führen die Kombination aus Auftragsdruck, Ressourcenknappheit und Prozessen, deren Effizienz derzeit untersucht wird, dazu, dass Routinetätigkeiten überwiegen und man sich neuen, interessanten Themen nicht im wünschenswerten Umfang widmen kann. Der implizite Auftrag an die Führung lautet damit: Prozessoptimierung. Das jedoch ist erfahrungsgemäß deutlich leichter und schneller zu bewerkstelligen als der Versuch, kulturelle Missstände zu beseitigen.

Nach Auswertung der Ergebnisse folgte ein dreistufiges Kommunikationsprogramm: 1) Diskussion der Ergebnisse mit dem Auftraggeber, 2) Präsentation vor den Befragten, 3) Präsentation vor der gesamten Geschäftseinheit auf einem

Mitarbeitertag. Zu diesem Anlass teilte Carsten Schläwe seinen Mitarbeiterinnen und Mitarbeitern mit, was auf Basis der Erkenntnisse geschehen soll: Neben der Information an das deutsche Mazars-Board und die Partnerschaft sollen die einzelnen Punkte der WBA geclustert und gemeinsam mit den Mitarbeitern in Arbeitsgruppen analysiert und inhaltlich bearbeitet werden. Von den 30 Anwesenden meldeten sich neun Mitarbeiterinnen und Mitarbeiter, um an dieser Gruppenarbeit teilzunehmen.

3.4 Frühwarnsystem mit innerer Kohärenz

Die WBA bildet zusammen mit dem Balanced Governance Audit, der Stärkenermittlung, dem Vertrauensindex (eine Mischung personen- und organisationsbezogener Indikatoren des Phänomens *Vertrauen*) und den Empfehlungen eine Art Frühwarnsystem für zukunftsorientierte Firmen oder Firmeneinheiten. Die üblicherweise als Erfolgsindikatoren benutzten Finanzdaten spielen dabei keine Rolle, solange die untersuchten Firmen finanziell gesund sind. Ein aussagefähiges Controllingsystem sollte jedoch Finanz- und Nichtfinanzdaten plausibel miteinander verknüpfen (Kinne 2011, S. 182–187).

In beiden Unternehmen entsprachen die kritischen Untererfüllungen im Wertebalance-Status Ungleichgewichten im Balanced Governance Audit. Bei der LPA ergab das Audit Übergewichte beim Kriterium *Systemfokus* zugunsten von *Außen* (ideal: Balance zwischen *Außen* und *Innen*), und beim Kriterium *Entscheidungshoheit* zugunsten von *Zentral* (ideal: Balance zwischen *Zentral* und *Dezentral*). Bei der AOS von Mazars gab es Übergewichte beim Kriterium *Strategieprozess* zugunsten von *Situativ entwickeln* (ideal: Balance zwischen *Durchplanen* und *Situativ entwickeln*) und beim Kriterium *Organisationsgrad* zugunsten von *Nicht organisiert* (ideal: Balance zwischen *Durchorganisiert* und *Nicht organisiert*). *Nicht automatisiert* würde hier besser passen.

In beiden Firmen war „zum Stichtag“ das Vertrauen zueinander größer als das Vertrauen in die operative Exzellenz. Das ist, wie schon angedeutet, insofern eine gute Nachricht, als dass Misstrauen Personen gegenüber schwerer zu beseitigen ist als operative Schwächen. Die von den Befragten in den Firmen gegebenen Empfehlungen wurden im Analysebericht erfolgskritischen Handlungsfeldern zugeordnet, die im nächsten Kapitel vorgestellt werden.

Wegbereiter für Nachhaltigkeit 4

4.1 Der Business Impact-Cycle

Die in den letzten beiden Kapiteln beschriebenen Modelle und Methoden sind dazu da, die Anforderungen in der Paradoxie der Zukunftsfähigkeit erfüllen zu können. Doch welche Tätigkeiten sind davon betroffen? Im ersten Kapitel wurde deutlich, dass der lehrbuchartige Prozess aus Planung, Organisation, Personaleinsatz, Führung und Kontrolle in einem von Dynamik, Ungewissheit und Kontrollverlust geprägten Umfeld nicht störungsfrei ablaufen wird. Wenngleich dieser Prozess auch heute noch als idealtypisch erscheinen mag, ist eine Variante angebracht. Diese muss zum einen den deutlich gestiegenen Anforderungen an Lern- und Kooperationsprozesse Rechnung tragen, zum anderen durch ihren iterativen Charakter der heutigen Veränderungsdynamik besser entsprechen. Die Variante, die wir vorschlagen, besteht im Kern aus einem Kreislauf aus *Lernen, Führen, Steuern und Kooperieren.* Lernen erzeugt Wissen und fördert das Verständnis von Zusammenhängen. Führung nutzt Gelerntes für ausgewogene Entscheidungen und vermittelt Orientierung. Durch sinnvolle Steuerung der Ressourcen werden Entscheidungen umgesetzt, und Kooperation wird für kollektive Lern- und Lösungsprozesse benötigt. Diese Handlungsfelder sind eingebettet in einen kulturellen und einen strukturellen Rahmen (Abb. 4.1). Wegen seiner potenziell starken Wirkung auf das betriebliche Geschehen heißt der Kreislauf *Business Impact-Cycle,* kurz *BIC* (vgl. Kinne 2016, S. 46).

In einer bedarfsgerechten Abfolge dieser Handlungsfelder, die aus den zuvor erläuterten Konzepten wichtige Inhalte beziehen, können Strategien umgesetzt und komplexe Aufgaben gelöst werden. Meine Gespräche in erfolgreichen Unternehmen haben ergeben, dass der kulturelle Kontext weitgehend blockadefreier Unternehmen geprägt ist von austauschbasierten Orientierungsgrößen, potenzialorientierter Mitarbeiterführung, heterogen Teams, sachlichen Diskursen, Neugier,

© Springer Fachmedien Wiesbaden GmbH 2017
P. Kinne, *Hausaufgaben für Gewinner,* essentials,
DOI 10.1007/978-3-658-19168-9_4

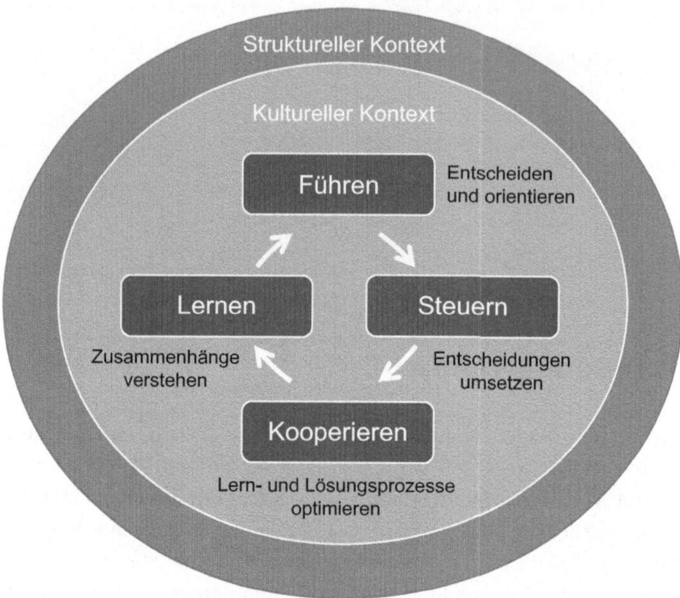

Abb. 4.1 Business Impact Cycle und Kontext

Leidenschaft, Kreativität und Mut, Fokussiertheit, hohem fachlichen Anspruch und Verantwortungsbewusstsein (Abb. 1.1). Diese Merkmale machen nicht nur den BIC besonders wirksam, sondern bieten auch die Chance, den *strukturellen Kontext* in einer Weise zu beeinflussen, dass blockierende Effekte vermindert werden, z. B. in Konzernen. Die Handlungsfelder im BIC sind sehr überschaubar. Wenn jedoch auch nur eines davon dauerhaft vernachlässigt wird, ist die Wahrscheinlichkeit hoch, dass anspruchsvolle Strategien nicht umgesetzt und komplexe Aufgaben nicht gelöst werden können. Zumindest dürfte es deutlich länger dauern als nötig.

4.2 Wirksame Leader

Die Dichte des Geschehens und die Dynamik, mit der sich die Dinge in Wirtschaft und Gesellschaft verändern, fordert Entscheiderinnen und Entscheider in besonderer Weise. Das Bild vom Unternehmen als monolithischem Handlungsgefüge entspricht nicht der Realität heutiger Organisationen. Zentrale Instanzen sind nur bedingt kontrollfähig. Die Entschlusskraft, die von Führungskräften erwartet wird und die sie sich selbst wünschen, wird von Handlungsunsicherheit bedroht. Die Menge der zu treffenden Entscheidungen und der allgegenwärtige Zeit- und Erfolgsdruck rufen Zielkonflikte hervor und erzeugen oft genug Stress. Die Belastung steigt, wenn bislang bewährte Lösungen nicht greifen, neue Lösungen aber nicht in Sicht sind. Die Menschen, für die Leader Verantwortung tragen, erwarten von diesen Orientierung, nach der selbst Leader mitunter noch suchen. Das Problem wächst mit der Tragweite der Entscheidungen. Wer stets fertige Lösungen erwartet, erliegt einer Fiktion, abgeleitet vom Bild des „Helden" bzw. der „Heldin".

Entlastung bringt ein stabiles Fundament sorgfältig gewählter, widerspruchfrei kommunizierter und konsequent gelebter Orientierungsgrößen, die in sinnvollen Abständen und passender Besetzung reflektiert und neuen Bedingungen ohne Identitätsverlust angepasst werden. Die plandeterminierte Abfolge von Zielfindung, Analyse, Strategieformulierung und -umsetzung wird durch iterative Lern-, Entscheidungs-, Steuerungs- und Kooperationsprozesse in ganz unterschiedlichen Phasen und Bereichen des Unternehmens ergänzt. Klare Orientierungsgrößen verhindern, dass in einem turbulenten Umfeld das helle Chaos ausbricht, weil jeder so macht, wie er meint (und damit jede Marke ruiniert). Zweck, Absicht und Anspruch müssen geklärt und institutionell verankert sein. Nur so können Organisationen von *Selbstorganisation* profitieren, einer natürlichen Eigenschaft vitaler Systeme. Verlässliche Orientierungsgrößen beschränken die verwirrende Vielfalt möglicher Handlungen auf die wünschenswerten. Damit können auch in dezentralen Einheiten Entscheidungen getroffen werden, die im Einklang stehen mit den Zielen und Werten des Unternehmens. Kooperatives Agieren in strategischen Spannungsfeldern macht beidhändig, beendet die frustrierende Alternativlosigkeit und liefert neue Impulse.

Untere und mittlere Führungskräfte müssen sich, wie alle Beschäftigten, in allen Belangen vertrauensvoll an ihre Vorgesetzten wenden dürfen, um dort wohlwollender Unterstützung zu begegnen. Chefs mit passenden Grundüberzeugungen finden kritische Fragen ihrer Leute nicht lästig, sondern freuen sich über das Interesse, selbst oder gerade dann, wenn ihre eigene Orientierung (noch) nicht komplett ist. In Zeiten wie diesen ist das kein Makel, sondern authentisches Zeichen eines Suchprozesses, an dem interessierte Mitarbeiterinnen und Mitarbeiter beteiligt werden sollten. Wer sich allwissend und omnipotent gibt, darf nicht auf natürliche Autorität hoffen. Vorstände wünschen sich u. a. vom Aufsichtsrat Orientierung, und natürlich ist auch da vertrauensvolle Kooperation der Errichtung von Verteidigungsfronten vorzuziehen.

Private und öffentliche Organisationen verfolgen einen bestimmten Zweck. Ob sie den erfüllen, und wie gut sie ihn erfüllen, hängt in einer Welt, die unübersichtlich, dynamisch und unsicher ist, wesentlich von der Mikroebene ab, auf der Grundüberzeugungen, Denk- und Interaktionsmuster das Miteinander prägen.

Da entscheidet sich, ob ein belastbarer Konsens gesucht und gefunden wird. Wer seinen kognitiven Werkzeugkasten mit seinen bewussten und unbewussten Inhalten richtig nutzt, dasselbe den Menschen seines Umfeldes zugesteht und sie darin unterstützt, bewirkt Nützliches. Wer seine Hausaufgaben erledigt, indem er einerseits administrative Substanz, Transparenz und Kohärenz erzeugt, und andererseits Horizonte und Handlungsspielräume erweitert, wird auch bei sportlicher Fahrweise nicht so schnell von der Erfolgsbahn abkommen.

All das erfordert gute *Selbststeuerung,* die auf Selbstklärung und Aktivierung der eigenen Ressourcen basiert. Führungskräfte müssen Entscheidungen treffen und deren Umsetzung sicherstellen. Dazu benötigen sie stimmige Orientierung *von außen,* und müssen ihrerseits stimmig *nach außen* orientieren. Ein idealtypischer Entscheidungsprozess beinhaltet Antworten auf folgende Fragen:

Fragen

- Was genau ist das Problem?
- Gibt es dafür Lösungsmuster?
- Welche Kriterien sind zu erfüllen?
- Welche Lösungsalternativen bieten sich an?
- Welche Konsequenzen sind jeweils zu erwarten?
- Wie sind die Konsequenzen zu bewerten, was sind unsere Präferenzen?
- Welche Orientierungsgrößen können wir nutzen?
- Mit welchen Unsicherheiten und Risiken ist zu rechnen?
- Welche kurzfristigen Entscheidungen haben langfristige Wirkung?
- Was ist demzufolge die richtige Entscheidung? (vgl. Drucker 2001; March 1994; Hammond et al. 2002).

Die Umsetzung der Entscheidung sollte ebenfalls mitbedacht werden. Solche Entscheidungsprozesse sind möglich, wenn die dazu nötigen Informationen verfügbar sind bzw. genügend Zeit zu deren Beschaffung vorhanden ist. Ungewissheit und Zeitdruck begleiten jedoch heute den Managementalltag. Sofern Erfahrung in der Sache vorliegt, können Bauchgefühle wichtige Signale liefern.

Wer Entscheidungen zu treffen hat, sollte zunächst Klärung in sich selbst herbeiführen, weil das „innere Team" mitunter heftig miteinander streitet. Kontroverse eigene Standpunkte *(Vorgesetzter* versus *Teamcoach* versus *Fachmann* versus *Unternehmer* versus *„Mitmensch" etc.).* müssen in einem individuellen Reflexions- und Erfahrungsprozess situationsgerecht und „konfliktlösend" bewertet werden (vgl. Schulz von Thun 2016). Ohne diesen Akt der Selbstklärung wird die Orientierung *nach außen* nicht sehr wirksam sein. Von Wilhelm Busch soll der Satz stammen „Willst Du ein guter Leiter sein, schau erst mal in Dich selbst hinein". Abb. 4.2 fasst die Merkmale zusammen.

Abb. 4.2 Orientierung und Selbststeuerung

Integrative Programme zur Entwicklung von Fach- und Führungskräften können wirksame Erfolgsbeschleuniger sein. Man sollte jedoch nicht einfach zu ethischem Handeln aufrufen. Solange erwünschte Verhaltensweisen nicht durch ein Strategiesystem gefördert werden, in dem konsistente Steuerungsroutinen zur Umsetzung motivieren, sind Entwicklungsprogramme ineffektiv, weil Bestandteil einer desintegrierten Personalstrategie (vgl. Pfeffer 2015).

Leader von Gewinnerunternehmen sind oft sehr unterschiedliche „Typen". Was sie vereint, ist in erster Linie ihre Wirksamkeit. „Wirksame Menschen haben keine Gemeinsamkeiten – außer der, dass sie wirksam sind" (Malik 2001, S. 21). Wirksamkeit basiert heute auf der Fähigkeit, Komplexität nicht nur auszuhalten, sondern auch zu nutzen, sich auf Unbekanntes einzulassen, statt Bekanntes immer besser machen zu wollen. Wer mit Sokrates weiß, dass er (fast) nichts weiß, und deshalb neues Wissen „absorbiert", kann komplexen Aufgaben gelassener begegnen: *Keep calm and carry on.* Wirksame Leader wissen, dass ihr Denken und Handeln u. a. von emotionalen Impulsen, begrenzter Wahrnehmung *(bounded awareness)* und der Tendenz, nach Informationen zu suchen, die den eigenen Standpunkt bestätigen *(confirmation trap)* beeinflusst wird (vgl. Bazerman und Moore 2009). Entscheidungsimpulse basieren oft auf persönlichen Präferenzen. Heterogene (Führungs-)Teams können ein gutes Regulativ sein.

Wirksame Leader vereint jedoch auch das Bewusstsein, dass nicht sie der Souverän ihres Systems sind. Das sind zum einen ihre Austauschpartner, Menschen bzw. Organisationen mit ihren Wünschen und Erwartungen. Zum anderen sind es Zweck, Absicht und Anspruch des Unternehmens. Sofern diese Orientierungsgrößen eindeutig und für jedermann gültig sind (andernfalls wären sie wertlos), ist ihre Interpretation nicht an die Person des Chefs oder der Chefin gebunden, wenngleich dieser oder diese maßgeblich an ihrer Entstehung mitgewirkt hat. Dann wird nicht ständig jemand benötigt, um anderen die Richtung zu weisen. Leader in Gewinnerunternehmen begrüßen das sehr, weil sie Zeit für neue Ideen gewinnen.

Literatur

Argyris, C. (1957). *Personality and organization*. New York: Lawrence Erlbaum Associates.

Argyris, C. (1964). *Integrating the individual and the organization*. New York. Zitiert nach Steinmann, H. & Schreyögg, G. (2005). *Grundlagen der Unternehmensführung* (6. Aufl., S. 65.). Wiesbaden: Gabler (erste Auflage 1990).

Argyris, C. (1999). *On organizational learning*. Malden: Blackwell.

Argyris, C., & Schön, D. A. (1978). *Organizational learning: A theory of action perspective*. Mass: Addison-Wesley Publishing.

Ashby, W. R. (1970). *An introduction to cybernetics* (5. Aufl.). London: Chapmann & Hall (erste Auflage: 1956).

Barney, J. B. (1991). Firm resources and sustained competitive advantage. *Journal of Management, 17*(1), 99–120.

Bazerman, M. H., & Moore, D. (2009). *Judgement in managerial decision making*. Hoboken: Wiley.

Beer, S. (1979). *The heart of enterprise*. Chichester: Wiley.

Beer, S. (1981). *Brain of the firm* (2. Aufl.). Chichester: Wiley.

Bicheno, J., & Holweg, M. (2009). *The lean toolbox: The essential guide to lean transformation*. Buckingham: Picsie.

Cox, T. (1993). *Cultural diversity in organizations, theory, research & practice*. San Francisco: Berrett-Koehler.

Csíkszentmihályi, M. (2000). *Das Flow-Erlebnis. Jenseits von Angst und Langeweile im Tun aufgehen (Originaltitel: Beyond Boredom and Anxiety. The Experience of Play in Work and Games, 1975)* (8. Aufl.). Stuttgart: Klett-Cotta.

De Bono, E. (2015). *Simplicity*. UK: Penguin Life.

De Witt, B., & Meyer, R. (2004). *Strategy – Process, content, control*. London: Thomson Learning.

Deci, E. L., & Ryan, R. M. (1990). A motivational approach to self: Integrationin personality. In R. Dienstbier. (Hrsg.), *Nebraska symposium on motivation* (S. 237–288). Lincoln: University of Nebraska Press.

Dodd, D., & Favaro, K. (2006). Managing the right tension. *Harvard Business Review, 84*(12), 1–15.

Doppler, K., & Voigt, B. (2012). *Feel the change*. Frankfurt: Campus.

© Springer Fachmedien Wiesbaden GmbH 2017
P. Kinne, *Hausaufgaben für Gewinner*, essentials,
DOI 10.1007/978-3-658-19168-9

Dörner, D. (2001). *Die Logik des Misslingens. Strategisches Denken in komplexen Situationen* (14. Aufl.). Hamburg: Rowohlt E-Book.

Dörner, D. (2013). Torheit und das Handeln in Komplexität. *IO Management, 2013*(1), 7–10.

Drucker, P. (2001). The effective decision. In Harvard Business (Hrsg.), *Review on decision making*. Boston: Harvard Business School Press.

Duncan, R. B. (1976). The ambidextrous organization: Designing dual structures for Innovation. In R. H. Kilmann, L. R. Pondy, & D. Slevin (Hrsg.), *The management of organization* (Bd. 1, S. 167–188). New York: Houghton Mifflin Co.

Edvinsson, L. (2002). *Corporate longitude*. London: Prentice Hall.

Gluck, F. W. (1985). A fresh look at strategic management. *The Journal of Business Strategy, 6*(2), 4–19.

Grant, R. M. (2005). *Contemporary strategy analysis* (5. Aufl.). Malden: Blackwell.

Gibson, C. B., & Birkinshaw, J. (2004). The antecedents, consequences, and mediating role of organizational ambidexterity. *Academy of Management Journal, 47*(2), 209–226.

Gigerenzer, G. (2008). *Bauchentscheidungen*. München: Random House.

Gigerenzer, G. (2013). *Risiko*. München: Random House.

Hamel, G., & Prahalad, C. K. (1994). *Competing for the future*. Boston: Harvard Business School Press.

Hammomnd, J. S., Keeney, R. L., & Raiffa, H. (1999). *Smart choices. A practical guide to make better decisions*. New York: Broadway Books.

He, Z. L., & Wong, P. K. (2004). Exploration vs. exploitation: An empirical test of the ambidexterity hypothesis. *Organization Science, 15,* 481–494.

Herzberg, F. (1968). One more time: How do you motivate employees? *Harvard Business Review, 46*(1), 87–96. Zitiert nach Steinmann, H., & Schreyögg, G. (2005). *Grundlagen der Unternehmensführung* (6. Aufl., S. 559). Wiesbaden: Gabler (erste Auflage 1990).

Kahnemann, D. (2012). *Thinking, fast and slow*. New York: Penguin Random House.

Kaplan, R. S., & Norton, D. P. (2004). *Strategy maps: Converting intangible assets into tangible outcomes*. Boston: Harvard Business School Press.

Keeney, R. L. (1992). *Value focused thinking. A path to creative decisionmaking*. Cambridge: Harvard University Press.

Kinne, P. (2009). *Integratives Wertemanagement: Eine Methodik zur Steuerungsoptimierung immaterieller Ressourcen in mittelständischen Unternehmen*. Wiesbaden: Gabler.

Kinne, P. (2011). *Die Kunst, bevorzugt zu werden*. Erlangen: Publicis.

Kinne, P. (2013). *Balanced Governance – Komplexitätsbewältigung durch ausgewogenes Management im Spannungsfeld erfolgskritischer Polaritäten*, Arbeitspapier Nr. 32. Essen: FOM Hochschule.

Kinne, P. (2014). Diversity Management - ein Querschnittsthema mit Balancebedarf. In W. Dittrich (Hrsg.), *Schriftenreihe der FOM – KCI Kompetenz-Centrum für interdisziplinäre Wirtschaftsforschung & Verhaltensökonomie* (Bd. 3). Essen: FOM Hochschule.

Kinne, P. (2016a). *Querschnitts-Disziplinen und ihr Potenzial zur Steigerung der Komplexitäts-Kompetenz*. Arbeitspapier Nr. 62. Essen: FOM-Hochschule.

Kinne, P. (2016b). *Diversity 4.0 – Zukunftsfähig durch intelligent genutzte Vielfalt*. Wiesbaden: Springer Gabler.

Kinne, P. (2017). *Blockadefreie Unternehmen. Die Mikroebene von Gewinnern in der Vierten Industriellen Revolution*. Wiesbaden: Springer Gabler.

Kotter, J. P., & Heskett, J. L. (1992). *Corporate culture and performance*. New York: The Free Press.

Lafley, A. G., & Martin, R. L. (2013). *Playing to win: How strategy really works*. Boston: Harvard Business Review Press.

Locke, E. A., & Latham, G. P. (1990). *A theory of goal setting and task performance*. New York: Englewood Cliffs. Zitiert nach Steinmann, H., & Schreyögg, G. (2005). *Grundlagen der Unternehmensführung* (6. Aufl., S. 547). Wiesbaden: Gabler (erste Auflage 1990).

Likert, R. (1967). *The human organization: Its management and value*. New York: McGraw-Hill.

Likert, R. (1975). *Die integrierte Führungs- und Organisationsstruktur*. Frankfurt a. M.: Campus-Verlag. Zitiert nach Steinmann, H., & Schreyögg, G. (2005). *Grundlagen der Unternehmensführung* (6. Aufl., S. 65). Wiesbaden: Gabler (erste Auflage 1990).

Lubatkin, M. H., Simsek, Z., Ling, Y., et al. (2006). Ambidexterity and performance in small- to medium-sized firms: the pivotal role of top management team behavioral integration. *Journal of Management, 32*(5), 646–672.

Malik, F. (2001). *Führen, Leisten, Leben*. München: Heyne.

March, J. G. (1991). Exploration and exploitation in organizational learning. *Organization Science, 2*(1), 71–87.

March, J. G. (1994). *A primer on decision making. How decisions happen*. New York: The Free Press.

Martin, R. (2009). *The opposable mind. How Successful Thinkers Win Through Integrative Thinking*. Boston: Harvard Business School Press.

Maslow, A. (1954). *Motivation and personality*. New York: Pearson.

Mastiaux (2017). http://player.cdn.tv1.eu/iptv/player/macros/enbwextern/hv2017.

McGregor, D. (1960). *The human side of enterprise*. New York: Tata McGraw-Hill. Zitiert nach Steinmann, H., & Schreyögg, G. (2005). *Grundlagen der Unternehmensführung* (6. Aufl., S. 65). Wiesbaden: Gabler (erste Auflage 1990).

Mintzberg, H., & Waters, J. A. (1985). Of strategies: Deliberate and emergent. *Strategic Management Journal, 6*(3), 257–272.

Müller, H. R. (2017). *Unternehmensführung. Strategie – Management – Praxis*. Berlin: De Gruyter.

Müller-Stewens, G., & Fontin, M. (1997). *Management unternehmerischer Dilemmata, Entwicklungstendenzen im Management* (Bd. 15). Zürich: Schäffer-Poeschel.

Organ, D. W. (1988). *Organizational citizenship behaviour.The good soldier syndrome*. M.A.: Lexington.

O'Reilly, C. A., & Tushman, M. L. (2007). Ambidexterity as a Dynamic Capability: Resolving the Innovator's Dilemma (Working Paper). Später in: *Research in Organizational Behavior*, *28*, 185–206.

Pascale, R. T. (1990). *Managing on the edge. How the smartest companies use conflict to stay ahead*. New York: Touchstone.

Penrose, E. T. (1958). *The theory of the growth of the firm*. New York: Wiley.

Pfeffer, J. (2015). *Leadership BS*. New York: Harper Collins.

Porter, M. E. (2000): *Wettbewerbsvorteile. Spitzenleistungen erreichen und behaupten* (6. Auflage). Frankfurt: Campus. Originaltitel: Competitive Advantage (1885), The Free Press.

Probst, G., & Raisch, S. (2005). Organizational crisis: The logic of failure. *Academy of Management Executive, 19*(1), 90–105.

Riemann, F. (1995). *Grundformen der Angst. Eine tiefenpsychologische Studie*. München: Ernst Reinhard Verlag.

Rothaermel, F. T., & Alexandre, M. T. (2009). Ambidexterity in technology sourcing: The moderating role of absorptive capacity. *Organization Science, 20*(4), 759–780.

Schulz von Thun, F (2016). *Miteinander reden* (16. Aufl.). Hamburg: Rohwolt, 53 (erste Auflage 2000).

Schwaninger, M., & Scheef, C. (2016). A test of the viable systems model: Theoretical claim vs. Empirical evidence. *Cybernetics and Systems*, DOI:10.1080/01969722.2016.1209375.

Simon, H. A. (1972). Theories of bounded rationality. In C. B. McGuire & Radner (Hrsg.), *Decision and organization* (S. 162–176). New York: North-Holland Publishing.

Sprenger, R. (2017). Arbeit muss Vieles, aber nicht Sinn stiften. *Wirtschaftswoche, 2017*(16), 91.

Steinmann, H., & Schreyögg, G. (2005). *Grundlagen der Unternehmensführung* (6. Aufl.). Wiesbaden: Gabler (erste Auflage 1990).

Stock-Homburg, R., Groß, M., & Roller, D. (2016). Agilität und Effizienz richtig ausbalancieren – Wettbewerbsvorteile durch integriertes Personalmanagement. *Personalführung, 2016*(7–8), 18–24.

Strikwerda, J. (2007). *Shared service centers* (6. Aufl.). Assen: Van Gorcum (erste Aufl. 2003).

Strikwerda, J., & Stoelhorst, J. W. (2009). The emergence and evolution of the multidimensional organization. *California Management Review, 51*(4), 11–31.

Uotila, J., Maula, M., Keil, T., et al. (2009). Exploration, exploitation, and financial performance: analysis of S&P 500 corporations. *Strategic Management Journal, 30*(2), 221–231.

Vas Assen, M., Berg, G. van den, & Pietersma, P. (2009). *Key managemet models*. UK: Pearson.

Vogel, R. (2011). Exploration und Exploitation: Stand und Perspektiven der internationalen Diskussion. *Diskussionspapiere des Schwerpunktes Unternehmensführung am Fachbereich BWL der Universität Hamburg, 2011*(10), 7.

Vroom, V. (1964). *Work and motivation*. New York: Wiley. Zitiert nach Steinmann, H., & Schreyögg, G. (2005). *Grundlagen der Unternehmensführung* (6. Aufl., S. 537). Wiesbaden: Gabler (erste Auflage 1990).

Welge, M. K., & Al-Laham, A. (2012). *Strategisches management* (6. Aufl., S. 185–241). Wiesbaden: Springer Gabler (Erste Auflage: 1992).

Wernerfelt, B. (1984). A resource based view of the firm. *Strategic Management Journal, 5*(3), 171–180.